Der Vietnamkrieg

Grundriss

Vorbemerkung 2
Frankreichs Kolonie 4
Frankreichs Krieg 9
Eisenhower, Kennedy und Diem 18
Johnsons Krieg 25
Nixons Krieg 37
Das Ende 56
Fazit 59

Vertiefungen

Ho Chi Minh 64
Dien Bien Phu 70
Die Genfer Indochinakonferenz 72
Diems Sturz 74
Die Tonking-Resolution 79
Die Tet-Offensive 85
Drogen 91
Die Antikriegsbewegung 94
Der Vietnamkrieg im Film 101

Anhang

Zeittafel 105
Glossar 109
Personenregister 119
Literaturhinweise 127

Vorbemerkung

Der 2. September 1945 ist ein denkwürdiges Datum in der Geschichte der USA, Japans, Vietnams und Frankreichs. An diesem Tag, einem Sonntag, unterschrieben die Japaner auf dem amerikanischen Schlachtschiff »Missouri« in der Bucht von Tokio ihre bedingungslose Kapitulation. Am selben Tag, fast zur gleichen Stunde, proklamierte der vietnamesische Nationalist und Kommunist **Ho Chi Minh** S. 64 auf dem Ba Dinh-Platz in Hanoi die Unabhängigkeit seines Landes von Frankreich. Amerikanische Offiziere hatten sich auf der Ehrentribüne versammelt. Das von Ho entworfene Dokument entsprach in Stil und Wortwahl der amerikanischen Unabhängigkeitserklärung. Wie 1776 Thomas Jefferson dem englischen König George III. zahlreiche Vergehen vorgeworfen hatte, so wurden jetzt die Vergehen der Franzosen aufgelistet: inhumane Gesetze, ungerechte Steuern, Ausbeutung der vietnamesischen Arbeiter, Verletzung der Ideale von Humanität und Gerechtigkeit. Die Unabhängigkeitserklärung schloss mit der Erwartung, dass die siegreichen Nationen jene Prinzipien, auf die sie sich bei der Gründung der Vereinten Nationen geeinigt hatten, anwenden und folglich die Unabhängigkeit Vietnams anerkennen würden.[11]

Gut anderthalb Jahre zuvor, im Januar 1944, hatte US-Präsident Franklin D. Roosevelt an seinen Außenminister Cordell Hull über Indochina Folgendes geschrieben:

> »Frankreich hat dieses Land – 30 Millionen Menschen – fast hundert Jahre in seinem Besitz gehabt, und dem Volk geht es schlechter als zu Beginn. Frankreich hat es hundert Jahre gemolken. Das Volk Indochinas verdient etwas Besseres als das.«[11]

Das Ergebnis ist bekannt. Im ersten Indochinakrieg 1946 bis 1954 starben auf französischer Seite 74 000 Soldaten, bei den Vietnamesen 250 000. Dann kamen die Amerikaner: Der Vietnamkrieg wurde »Amerikas längster Krieg«[3] und der erste, der verloren ging. Die USA gerieten immer tiefer in jenen Sumpf (*quagmire*) in Südostasien, mit katastrophalen Folgen für alle Beteiligten: 58 135 amerikanische Soldaten starben, 304 704 wurden verletzt, davon erlitten 6665 Amputationen, mehr als 33 000 blieben gelähmt. 500 000–800 000 Veteranen litten und leiden unter der Erinnerung an den Krieg, dem so genannten post-traumatischen Stresssyndrom. Angeblich sollen mehr Veteranen Selbstmord begangen haben, als Soldaten in Vietnam gefallen sind; im Unterbewusstsein wirkte und wirkt dieser Krieg fort und bestimmte über Jahrzehnte die amerikanische Außenpolitik – von den Kosten, ca. zwei Billionen Dollar, ganz zu schweigen.[7, 12] »Dieser Krieg wird uns wohl immer verfolgen«, meinte einmal ein Veteran. Der Vietnamkrieg gilt als Albtraum der Amerikaner, der die Nation so spaltete wie nichts mehr seit dem Bürgerkrieg hundert Jahre zuvor.

Im Präsidentschaftswahlkampf 2004 spielt er wieder eine Rolle: Hier der Herausforderer der Demokraten, John F. Kerry, der seine *tour of duty* in Vietnam heldenhaft absolvierte, um dann zum vehementesten Kriegsgegner zu werden, dort Präsident George W. Bush, der seinen Dienst mehr schlecht als recht an der »Heimatfront« in der Nationalgarde leistete.

Was vor 35 Jahren Da Nang, Khe Sanh und Saigon in den abendlichen Nachrichten waren, sind heute Bagdad, Basra und Falludja. Parallelen drängen sich auf: in Vietnam ein nicht stattgefundener Tonking-Zwischenfall, im Irak nicht vorhandene Massenvernichtungswaffen als Kriegsgrund, eine steigende Zahl getöteter Soldaten und Zivilisten. John F. Kennedys Bruder, Senator Edward Kennedy, sprach es im April 2004 öffentlich aus: Er nannte den Irakkrieg George W. Bushs Vietnam. Da war es wieder, das Vietnam-Trauma. Dennoch ist vieles anders: Der Irakkrieg kann mit dem Elend Vietnams – noch? – nicht verglichen werden.

Der Krieg in Südostasien war nicht nur eine Katastrophe für die Amerikaner: Eine Million südvietnamesische Soldaten starben im Vietnamkrieg, etwa zwei Millionen tote Zivilisten waren zu beklagen; zwei Millionen Menschen wurden verstümmelt. Genaue Zahlen über Nordvietnam gibt es nach wie vor nicht. Es ist aber anzunehmen, dass dort mindestens genauso viele Menschen ihr Leben lassen mussten. Die USA warfen viermal so viel Bomben ab wie während des gesamten Zweiten Weltkrieges – mit einer Zerstörungskraft von etwa 600 Hiroshima-Atombomben und 20 Millionen Bombenkratern. 50 Millionen Liter des hochgiftigen *Agent Orange* wurden versprüht. Das Land sollte entlaubt werden, um den Feind besser bekämpfen zu können; die Folgen sind heute noch zu sehen: Krebs und Missgeburten und eine zerstörte Landschaft.[12] Wie und warum es zu dieser Katastrophe kommen konnte, wird im Folgenden aufgezeigt.

Frankreichs Kolonie

Alles begann in der Mitte des 19. Jahrhunderts – eher als Anekdote. 1845 landete das amerikanische Kriegsschiff »Constitution« in Da Nang. Einige US-Marines stießen auf Hué vor, um einen französischen Bischof zu retten, der von den Vietnamesen gefangen genommen worden war.

Nach dessen Befreiung töteten die Vietnamesen etliche französische Missionare; daraufhin engagierten sich die Franzosen und eroberten am 17. Februar 1859 Saigon. Drei Jahre später hatten sie auch die umliegenden Provinzen in ihrer Gewalt. 1883 genehmigte das französische Parlament fünf Millionen Francs für eine »Expedition«, um ein französisches Protektorat in ganz Vietnam zu errichten. Im August 1883 stieß die französische Flotte auf den Parfum-River in der Nähe von Hué vor und stellte den Vietnamesen ein auf 48 Stunden befristetes Ultimatum mit den Worten: »Stellt euch das Schlimmste vor – und die Wirklichkeit wird immer noch schlimmer. Der Name

Vietnam wird aus der Geschichte getilgt.« Und dann eröffneten sie das Feuer. Im Laufe des weiteren Jahres wurde auch Hanoi erobert; damals befanden sich 20 000 französische Soldaten in Tonking, der nördlichen Provinz. Der französische Ministerpräsident Jules Ferry beantragte weitere 200 Millionen Francs zur Weiterführung der Aktion. »Ferry, der Tonkinese«, hieß es.[4]

Damals hatte auch China Ambitionen auf Vietnam. Als Franzosen in Formosa landeten, gab das kaiserliche China seinen Widerstand auf und erkannte 1885 im Vertrag von Tientsin die französische Oberhoheit über Indochina an. Im selben Jahr führte Frankreich eine Strafexpedition gegen die so genannte »Rebellion der Gebildeten« – vietnamesische Nationalisten – durch: der Sommerpalast in Hué wurde gestürmt. 1887 gab es dann die »Union Indochinoise« mit den Provinzen Cochinchina im Süden, Annam in Mittelvietnam und Tonking im Norden. Kambodscha kam im selben Jahr hinzu; 1893 dann noch Laos.

Die so genannte »Pazifizierung« des gesamten Raumes wurde auf französischer Seite mit unglaublicher Brutalität durchgeführt. Anders als etwa die Briten in Indien bestand Paris auf einer direkten französischen Herrschaft. An der Spitze Indochinas stand ein Generalgouverneur, von 1891 bis 1930 waren dies gleich 23. Während 1925 5000 Briten 500 Millionen Inder regierten, benötigten die Franzosen genauso viel für 50 Millionen Bewohner Indochinas. 50 Prozent des Budgets wurden für Bürokratie ausgegeben; Frankreich führte seinen Rechtscode und auch das französische Schulsystem ein. Die chinesischen Schriftzeichen wurden durch westliche ersetzt. Das war insofern einfach, als schon Mitte des 17. Jahrhunderts der französische Jesuit und Missionar Alexandre de Rhodes das »Dictionarium annamiticum« geschaffen hatte, die erste systematische Transkription der vietnamesischen Sprache in das lateinische Alphabet; daraus war eine romanisierte vietnamesische Schrift entstanden.[4]

Der für Frankreich wichtigste der 23 Generalgouverneure war Paul Doumer, der Indochina zur profitabelsten französischen Kolonie überhaupt machte. Der ehemalige französische Finanzminister baute dort seit 1897 eine zentrale Verwaltung auf – und gleichzeitig die erste Opiumfabrik in Saigon, aus der ein Viertel aller Einnahmen stammte. Unter Doumer wurde der Reisanbau massiv vorangetrieben, so dass Indochina 1939 der drittgrößte Reisexporteur der Welt – nach Burma und Thailand – war. Es gab besitzlose Landarbeiter, für Doumer nur billige Arbeitskräfte, die in Bergwerken und Gummiplantagen oder im Straßen- und Eisenbahnbau schufteten. Gummi wurde zum zweitwichtigsten Exportgut (nach Reis). Auf den Plantagen herrschten schlimme Zustände. So starben auf der Michelin-Plantage zwischen 1917 und 1944 von 45 000 Arbeitern 12 000. Doumer baute Opern, Straßen und Eisenbahnen; jahrzehntelang trug die berühmte Eisenbahnbrücke über den Roten Fluss in Hanoi seinen Namen. In Hanoi und Saigon veränderte er das Stadtbild nach französischen Vorbildern. Zurück in Frankreich wurde er Präsident und 1932 im Amt ermordet.

Frankreich entwickelte eine neue Sozialstruktur in Vietnam; zum einen gab es in den Städten eine westlich orientierte Schicht, zum anderen eine bäuerliche Landbevölkerung. Insgesamt wurde das Land künstlich auf dem Niveau eines Agrarlandes gehalten. Die wichtigsten Verwaltungsämter waren mit Franzosen besetzt; die Diskriminierung der Bevölkerung und die fehlende industrielle Entwicklung erschwerten das Entstehen eines einheimischen Bürgertums, was später für die Kommunisten zum Vorteil wurde, da ihnen keine starke bürgerliche Kraft gegenüberstand.[34]

Im Ersten Weltkrieg waren etwa 100 000 Vietnamesen in der französischen Armee. Sie kamen zum ersten Mal mit sozialen und politischen Ideen in Berührung, die im Widerspruch zur kolonialen Wirklichkeit zu Hause standen. Hier tauchte zum ersten Mal ein Mann auf, der die Geschicke Vietnams nachhaltig beeinflussen sollte:
S. 64
Ho Chi Minh. Er hatte nur ein Ziel: die Unabhängigkeit Vietnams. Er gründete 1930 die Kommunistische Partei; 1941 dann die »Front für

den Kampf um die Unabhängigkeit Vietnams«, der kommunistische und andere Kräfte angehörten; auf Vietnamesisch hieß diese Organisation »Viet-Nam Doc-Lap-Dong-Minh-Hoi«, woraus als Abkürzung »Vietminh« entstand. Sie wurde angeführt von der zweiten, alles überragenden Gestalt Nordvietnams, General Vo Nguyen Giap, Jahrgang 1911. Giap hatte Jura studiert und dann Geschichte unterrichtet, als die französische Kolonialmacht seine Familie ermordete: Seine Frau und ein Kleinkind starben im Gefängnis, Vater, Schwester, Schwager und Schwägerin unter der Guillotine. Giap: »Das hat mein Leben zerstört.« Am 22. Dezember 1944 stellte Giap eine Art bewaffnete Propagandabrigade zusammen, bestehend aus 31 Männern und drei Frauen. Diese »Armee für Propaganda und Befreiung« gilt seither als Ursprung der Armee Nordvietnams. Die Japaner, die seit 1941 das Land besetzt hielten, übernahmen am 9. März 1945 sämtliche französischen Garnisonen und auch die Verwaltung, die sie bis dahin den Franzosen überlassen hatten. Damit schien der französische Kolonialismus endgültig am Ende, gleichzeitig aber auch der japanische Imperialismus.

Die Frage stellte sich, wer das durch die Niederlage Japans entstandene Vakuum füllen würde. In den letzten Kriegsmonaten gab es eine Art Bündnis zwischen den Vietminh und den USA. Der amerikanische Geheimdienst, das Office of Strategic Services (OSS), Vorläufer der 1947 gegründeten CIA (Central Intelligence Agency), brauchte die Vietminh, um mit deren Kenntnissen unter anderem amerikanische Piloten zu retten und Informationen im Kampf gegen die Japaner zu sammeln. Ein OSS-Team (Operation »Deer Mission«) stieß im Juli 1945 auf Ho Chi Minh und Giap. Das OSS-Team war beeindruckt von den Guerillas, übergab ihnen Waffen, Granatwerfer und Granaten und bildete sie aus, damit sie ihrerseits andere Vietminh ausbilden konnten. Ho und Giap versicherten den USA ihre Freundschaft und Bereitschaft, mit ihnen gegen Japan zu kämpfen. Gleichzeitig machten sie aus ihrem Hass auf Frankreich keinen Hehl und bekundeten ihre Entschlossenheit, für die Unabhängigkeit des Landes bis in den Tod zu kämpfen.[6,8]

Zu diesem Zeitpunkt wurde die Situation im Norden katastrophal. Es herrschte Hungersnot. Die Japaner hatten keine Rohstoffe mehr und die Bauern waren gezwungen, Erdnüsse, Jute etc. statt Reis anzupflanzen. Der noch vorhandene Reis wurde beschlagnahmt. Es hatte im Jahr zuvor eine schlechte Ernte gegeben, im Sommer kam jetzt eine Flutkatastrophe hinzu: Die Deiche des Roten Flusses brachen. Von zehn Millionen Nordvietnamesen verhungerten damals zwei Millionen (von insgesamt 24 Millionen). Man hatte nicht genug Holz für die Särge, die Toten wurden in Bambusmatten beerdigt.

Am 15. August 1945 kam die Nachricht durch, dass Japan kapituliert hatte und auf der Konferenz von Potsdam beschlossen worden war, dass der Erzfeind Vietnams, China, nördlich des 16. Breitengrades und britische Truppen südlich davon die Kapitulation und die Entwaffnung der Japaner überwachen sollten. Einen Tag später reagierte Ho Chi Minh und bildete mit 60 Genossen das so genannte »Nationale Befreiungskomitee« mit ihm als Präsident. Dieses Komitee war gleichbedeutend mit einer provisorischen Regierung. Es folgte die so genannte Augustrevolution: Am 19. August übernahmen die Vietminh die Macht in Hanoi, fünf Tage später in Saigon. Am 27. August fand die erste Kabinettssitzung statt, auf der beschlossen wurde, am 2. September die Unabhängigkeit Vietnams auszurufen – an dem Tag, an dem Japan die Kapitulation unterschreiben würde. Kaiser Bao Dai trat am 30. August ab und übergab das kaiserliche Siegel und das Schwert, Symbol der Souveränität Vietnams, den Vertretern der Vietminh und ging nach Hanoi. Ho ernannte ihn zum »obersten Berater«. Drei Tage später rief Ho Chi Minh in Hanoi die Demokratische Republik Vietnam aus: »Vietnam hat das Recht, ein freies und unabhängiges Land zu sein – was es in der Tat auch bereits ist.« Am selben Tag begann die »Stimme Vietnams« mit Rundfunksendungen aus Hanoi. General Giap sprach von der Wiedergeburt Vietnams und richtete eine Warnung an den französischen Staatschef Charles de Gaulle:

> »Falls Frankreich das Land wieder in Besitz nehmen will, dann wird jedes Dorf zum Widerstandsnest, das Land wird nicht gehorchen.«[6]

Und Ho ließ den Chef der OSS-»Deer Mission« wissen, er werde eine Million US-Soldaten willkommen heißen, aber keine Franzosen.[4]

Frankreichs Krieg

In amerikanischen Propagandabroschüren, die während des Zweiten Weltkrieges die vietnamesische Bevölkerung zum Widerstand gegen die Japaner aufgefordert hatten, wurden den Vietnamesen Unabhängigkeit und Selbstbestimmung in Aussicht gestellt. Nach dem Tod von Präsident Roosevelt und dem Sieg der USA über Japan und dem Beginn des Kalten Krieges war davon keine Rede mehr, zumal auch der französische Regierungschef Charles de Gaulle entschlossen war, Indochina für Frankreich zurückzuerobern. Schon Anfang 1945 waren französische Agenten und Waffen mit Fallschirmen in Vietnam abgesprungen, um die Japaner anzugreifen, wenn die Amerikaner landen würden. De Gaulle befürchtete damals, dass die USA gemeinsame Sache mit den Vietminh machen würden.

Diese Gefahr bestand schon bald nicht mehr, zumal auch der für die Entwaffnung der Japaner im Süden Vietnams zuständige britische General Douglas Gracey davon überzeugt war, dass die zivile und militärische Machtübernahme Frankreichs nur eine Frage von Wochen sei. Am 21. September 1945 rief er in Saigon das Kriegsrecht aus. Am nächsten Tag griffen französische Fallschirmjäger und von den Japanern zuvor internierte Fremdenlegionäre das Rathaus in Saigon an, vertrieben das Provisorische Exekutivkomitee der Vietminh, besetzten die Polizeistation und andere öffentliche Gebäude und hissten die Trikolore. Daraufhin riefen die Vietminh am 24. September 1945 den Generalstreik aus. Es folgte ein Angriff auf den Flughafen und die Stadthalle, wobei 150 Franzosen massakriert und weitere 100 verstümmelt wurden. Dies war im Grunde der Beginn des ersten Indochinakrieges. Der Chef einer OSS-Einheit, Peter Dewey, berichtete nach Washington: »Cochinchina brennt, Franzosen und Briten sind hier erledigt, und wir sollten aus Südostasien verschwinden.«[4] General Gracey befahl ihm daraufhin, das Land zu verlassen. Auf dem Weg zum Flughafen wurde Dewey am 26. September von Vietminh erschossen; er war der erste jener fast 60000 Amerikaner, die in Vietnam sterben sollten. Ho Chi Minh schickte ein Kondolenzschreiben an das State Department. Währenddessen dauerte der Generalstreik in Saigon an. Die Franzosen flüchteten in das Continental Palace Hotel und verbarrikadierten sich dort. Die Vietminh steckten den zentralen Markt in Saigon in Brand und stürmten die Gefängnisse. Im Foreign Office in London hieß es:

> »Es geht darum, französische Truppen so schnell wie möglich nach Südvietnam zu bringen und ihnen die Sache zu übergeben und anschließend unsere Truppen so schnell wie möglich abzuziehen.«[4,6,14]

Genau das geschah – französische Truppen wurden auf britischen Schiffen nach Vietnam transportiert, während in Washington der amtierende US-Außenminister Dean Acheson notierte: »Die USA denken nicht daran, die Wiederherstellung der französischen Macht in Indochina zu verhindern.« Unter diesen Umständen wird verständlich, dass mehrere Schreiben Ho Chi Minhs – insgesamt acht – an Präsident Truman mit der Bitte, die Unabhängigkeit Vietnams zu unterstützen, nicht beantwortet wurden.

Inzwischen hatte de Gaulle Admiral George Thierry d'Argenlieu zum Hochkommissar in Vietnam ernannt, mit der Aufgabe, Frankreichs Souveränität in Indochina wiederherzustellen. Thierry war eine eher mittelalterliche Gestalt, der nach dem Ersten Weltkrieg Karmelitermönch geworden war, sich dann aber bei Beginn des Zweiten Weltkrieges in London auf die Seite de Gaulles geschlagen hatte. Er war

Indochina 1885–1954.

arrogant, unflexibel und glaubte an die *Grandeur* Frankreichs. Der militärische Oberbefehl wurde General Jacques-Philipp Leclerc übertragen, dessen Panzer bei der Befreiung von Paris dabei gewesen waren. Leclerc durchbrach die Blockade der Vietminh um Saigon und verzeichnete damit einen ersten militärischen Erfolg. Die Frage war, ob Südvietnam auf Dauer zu halten war.

Inzwischen war in Nordvietnam die Hungersnot beseitigt worden – aber es herrschte weiter Chaos, wofür diesmal die Chinesen Tschiang Kai-scheks verantwortlich waren. Etwa 200 000 von ihnen waren wie ein Schwarm hungriger Heuschrecken über das Land hergefallen. Im Februar 1946 einigten sich de Gaulle und Tschiang Kaischek: Rückzug der Chinesen aus Indochina gegen Aufhebung französischer Konzessionen in Shanghai und anderen chinesischen Häfen. Die französischen Truppen würden am 8. März 1946 in Haiphong landen. In dieser Situation schrieb Ho Chi Minh am 16. Februar 1946 in einem weiteren Brief an Truman, die Vietminh und nicht die Franzosen hätten gegen Japan gekämpft; er erhielt wieder keine Antwort. Da hatte es auch nicht geholfen, dass er im November 1945 die Kommunistische Partei aus nationalem Interesse aufgelöst hatte und am 6. Januar 1946 Wahlen in Nordvietnam stattgefunden hatten, wobei einige meinten, es seien die letzten freien Wahlen gewesen.

Am 6. März 1946, als die französische Flotte bereits auf dem Weg nach Haiphong war, kam es daher zwischen Ho und Frankreich, vertreten durch Jean Sainteny, einem Bankier aus Saigon und Schwiegersohn eines ehemaligen Gouverneurs, zu einer Vereinbarung. Demnach erkannte Frankreich Vietnam als »freien Staat« innerhalb der Französischen Union, mit eigener Regierung und Armee, Parlament und Finanzen, an. Nach fünf Jahren sollte ein Referendum über das Schicksal Cochinchinas im Fall einer möglichen Wiedervereinigung stattfinden. Fünf Jahre lang sollten dafür 15 000 französische und 10 000 vietnamesische Soldaten unter französischem Kommando stationiert sein; allerdings sollten jedes Jahr 3000 französische Soldaten abgezogen werden.[6]

In Paris dachte niemand ernsthaft daran, diese Vereinbarung – unterzeichnet von Sainteny, General Raoul Salan und General Giap – einzuhalten. Das musste Ho schmerzhaft erfahren, als er in Frank-

Ho Chi Minh zu Verhandlungen in Paris 1946, links der Polizeipräfekt von Paris, Admiral Charles Luizet, rechts Kolonialminister Marius Moutet. Im März hat Frankreich Vietnam als »freien Staat« innerhalb der Französischen Union anerkannt. Jetzt geht es um Einzelheiten dieser Vereinbarung. Im September reist Ho Chi Minh enttäuscht aus Frankreich ab.

reich wochenlang hingehalten wurde. Erst im September kam es in Fontainebleau zu einer Vereinbarung. In der Zwischenzeit waren in Indochina Fakten geschaffen worden. Hochkommissar Georges Thierry d'Argenlieu hatte am 2. Juni 1946 die Republik Cochinchina ausgerufen. Das war ein offener Bruch des Abkommens. Aber es ging noch weiter. Die Franzosen unter dem neuen Oberbefehlshaber General Jean Valluy wollten den Krieg im Norden und warteten nur auf einen Anlass. Dieser Anlass wurde im November 1946 geliefert. In der Vereinbarung mit Ho in Fontainebleau war unklar geblieben, wer das Recht auf Zolleinnahmen hatte. Als am 20. November ein französisches Patrouillenboot chinesische Schmuggler anhielt, intervenierte die vietnamesische Miliz und verhaftete drei Franzosen. D'Argenlieu fragte in Paris bei Ministerpräsident Georges Bidault an: »Können wir Artillerie einsetzen?« Bidaults Antwort: »Genau das!« Am 23. November 1946 beschoss der Kreuzer »Suffren« Haiphong; es gab mindestens 6000 Tote und 25 000 Verwundete.[14, 17, 18]

Ho blieb trotzdem kompromissbereit: »Weder Frankreich noch Vietnam können sich den Luxus eines blutigen Krieges leisten.« Er hoffte immer noch auf die Hilfe der Amerikaner, denen er die Marinebasis Cam Ranh Bay anbot (ironischerweise wurde das später die

Drei Fremdenlegionäre auf der Wacht in Vietnam 1951.

größte amerikanische Basis in Vietnam). Gleichzeitig hoffte er auf die neue französische Regierung unter dem Sozialisten Léon Blum. Das entsprechende Telegramm wurde allerdings in Saigon verzögert, während Valluy klarmachte: »Wenn die Affen (*gooks*) Krieg haben wollen, können sie ihn haben.« Am 17. Dezember begingen französische Truppen – mehrheitlich Fremdenlegionäre – ein Massaker an Zivilisten in Hanoi, am 18. Dezember besetzten sie das Finanz- und Verkehrsministerium, am 19. Dezember verlangte der kommandierende französische General die Entwaffnung der vietnamesischen Miliz. Am selben Tag begann der Krieg im Norden. Das ZK der Kommunistischen Partei Indochinas entschloss sich zum Kampf. Am Abend gab General Giap über den Rundfunk die Kriegserklärung bekannt und verlas den Befehl zum nationalen Widerstand:

> »Das Vaterland ist in Gefahr! Die Stunde des Kampfes ist gekommen! [...] Ich befehle allen Soldaten und Milizen zusammenzustehen, in den Krieg zu ziehen, die Invasoren zu zerstören und die Nation zu retten. Opfert den letzten Blutstropfen im Kampf für Unabhängigkeit und Einheit des Vaterlandes. [...] Der Widerstand wird lange und mühsam, aber unsere Sache ist gerecht, und wir werden am Ende siegen.«

Zunächst sah es nicht danach aus: Die Republik Vietnam verfügte über keinen militärischen Nachschub, keine militärische Macht, hatte keine internationalen Verbündeten. Die Offensive gegen die Franzosen schlug denn auch am 19. Dezember fehl, während in Paris der Befehl zur Härte ausgegeben wurde. Selbst der französische Kommunistenführer Maurice Thorez, seit Anfang 1947 stellvertretender Ministerpräsident in der Regierung Ramadier, war für den Kampf. General Giap sagte damals etwas, was als Antwort auf die Frage gelten kann, warum Frankreich letztlich diesen Kampf verlor – und auch die USA in Vietnam ihre erste Niederlage erlitten, nämlich:

> »Die große historische Wahrheit ist: Wenn ein kolonialisiertes und schwaches Volk sich erhebt und im Kampf vereint und entschlossen ist, für seine Unabhängigkeit, seine Freiheit und den Frieden zu kämpfen, dann hat es alle Kraft, die starke Armee eines imperialistischen Landes zu schlagen.«[4, 6, 12]

Wer wollte damals für Bao Dai, den Mann Frankreichs, sterben? Wer für die Großgrundbesitzer und Provinzgouverneure? Was für eine zweifelhafte Ehre war es, in Bao Dais Armee zu kämpfen, die von Franzosen ausgebildet und von Amerikanern beraten wurde? Die Vietminh zogen sich in den folgenden Jahren aus den Städten zurück und beschränkten sich auf Guerillaoperationen – während die Franzosen scheinbar eine politische Lösung anstrebten. Sie reaktivierten Kaiser Bao Dai, der in Hongkong im Exil lebte. Am 8. März 1949 unterschrieben er und der französische Ministerpräsident Vincent Auriol in Paris das so genannte Elysée-Abkommen. Frankreich bestätigte darin Vietnams Unabhängigkeit im Rahmen der Französischen Union, behielt aber die Kontrolle über Finanzen, Militär und die Außenpolitik. Bao Dai wurde wieder als Kaiser eingesetzt. Im Juni 1949 zog er in Saigon ein, nachdem die französische Nationalversammlung der Vereinigung von Cochinchina und Vietnam zugestimmt hatte. Ende September 1949 appellierte Ho ein letztes Mal an die französische Regierung, den Krieg zu beenden. Er werde Vietnams Neutralität garantieren. Das war schon Makulatur, als er es gesagt hatte. Die Dinge änderten sich dramatisch mit der absehbaren Niederlage der

Chinesen unter Tschiang Kai-schek gegen Mao Tse-tung und der sowjetischen Atombombe.

Jetzt wurden erstmals die USA aktiv. Für den politischen Planungsstab des State Department war klar:

> »Der Sieg der Kommunisten in China ist eine schwere politische Niederlage für uns. Falls auch Südostasien vom Kommunismus überrollt wird, dann wird das für uns ein größeres politisches Desaster sein mit Auswirkungen in der ganzen Welt.«

(Daraus wurde dann NSC 68, das berühmte Memorandum Nr. 68 des Nationalen Sicherheitsrates, das US-Präsident Truman im März 1950 unterschrieb.) Als am 18. Januar 1950 Rotchina und am 31. Januar 1950 die Sowjetunion die Demokratische Republik Vietnam anerkannten, stellte US-Außenminister Dean Acheson klar:

> »Dies beseitigt jede Illusion mit Blick auf Hos Nationalismus und zeigt Hos wahres Gesicht als tödlichen Feind jeglicher Unabhängigkeit für Indochina.«[6]

Am 7. Februar erkannten die USA und Großbritannien die Pseudo-Republik Bao Dais an. Am 9. März 1950 empfahl Acheson Truman, Frankreich 15 Millionen Dollar für dessen Kampf in Indochina zur Verfügung zu stellen. Sechs Monate später begann die *Voice of America* mit Programmen für Indochina. Der Beginn des Koreakrieges im Juni 1950 hatte alle Befürchtungen auf US-Seite bestätigt. Indochina sollte jetzt um jeden Preis verteidigt werden, und entsprechend verstärkte die Truman-Administration ihre Unterstützung für Frankreich. Aus dem »schmutzigen Krieg« der Franzosen (*la sale guerre*) wurde jetzt ein »Kreuzzug gegen den Kommunismus«, als Bestandteil der weltweiten Auseinandersetzung zwischen Ost und West. Das Pentagon stellte klar, dass die Sicherheit Japans, Indiens und Australiens »davon abhängt, Südostasien den Kommunisten nicht zu überlassen«. Demnach waren auch US-Interessen direkt betroffen. Sollte Südostasien fallen, dann, so hieß es, werden die USA ihren Einfluss in Ostasien und dem westlichen Pazifik verlieren.[44]

Mai 1954: Nach der Niederlage der Franzosen bei Dien Bien Phu ziehen die siegreichen Vietminh-Truppen in Hanoi ein. Acht Jahre Krieg sind zu Ende. Die Hoffnung auf Frieden und Einheit wird schon bald enttäuscht.

Von nun an finanzierten die USA jenen Stellvertreterkrieg, den Frankreich für sie in Indochina führte. Bis Ende 1954 erhielt Frankreich drei Milliarden Dollar, das waren 82% der gesamten Ausgaben für diesen Krieg. Es half dennoch nichts. Im französischen Offizierscorps in Indochina gab es mehr Verluste, als in Frankreich Offiziere ausgebildet werden konnten. Im September 1950 errangen Giap und Ho den ersten großen Sieg: Frankreich verlor die wichtige chinesische Grenzregion und damit jede Chance auf einen Sieg. 6000 Franzosen starben, mit den erbeuteten Waffen wurde eine ganze Vietminh-Division ausgestattet. An der Gesamtlage konnte auch Jean de Lattre de Tassigny, der neue Oberbefehlshaber, nichts ändern. Er ließ die Ufer des Roten Flusses befestigen – einige der Bunker stehen heute noch – und legte neue Flugplätze an. Als es ihm gelang, einen Angriff Giaps zurückzuschlagen, keimte so etwas wie Hoffnung auf, die mit seinem Tod in Paris im Januar 1952 endete.

In den folgenden Monaten griff Giap immer wieder an der Grenze zu Laos an – in der Nähe von Dien Bien Phu. Nach kleineren Gefechten zog er sich wieder zurück. Damit hatte er immerhin demonstriert, dass er ungehindert nach Laos marschieren könnte. Für Frankreich wurde nun dieses Dien Bien Phu im Nordwesten Vietnams der entscheidende Punkt, um den Marsch der Vietminh nach Laos zu stoppen. Von hier aus sollte dann das Hinterland von den Vietminh gesäubert werden. Der neue französische Oberbefehlshaber, General Henri Navarre, versprach sich von dieser »Operation Castor« den endgültigen Sieg in Indochina. Es sollte anders kommen und seine Kritiker sollten Recht behalten: S.70 Am 7. Mai 1954 fiel **Dien Bien Phu**. Das war das Ende des Krieges und gleichbedeutend mit dem Ende der französischen Kolonialherrschaft in Indochina. Besiegelt wurde dies auf der S.72 **Genfer Außenministerkonferenz**, die am 21. Juli 1954 zu Ende ging. Der Krieg hatte Frankreich und seine Verbündeten 74 000 Tote gekostet, die Vietminh etwa dreimal so viel.

Eisenhower, Kennedy und Diem

Frankreichs Niederlage in Dien Bien Phu war letztlich für die USA, wie Außenminister John Foster Dulles es formulierte, »Glück im Unglück« (*»a blessing in disguise«*). Die USA könnten in Vietnam ganz von vorne anfangen, ohne auch nur in den Geruch einer Kolonialmacht zu geraten. Von nun an ging es in Vietnam um den Kampf gegen den Kommunismus und um Demokratisierung, d. h. *nationbuilding* nach amerikanischem Muster, ganz im Sinne der von Eisenhower im April öffentlich formulierten Dominotheorie. Am 12. August 1954 unterzeichnete er das neue, vom Nationalen Sicherheitsrat ausgearbeitete US-Strategiepapier NSC 5429/2 für Südostasien: Demnach sollten alle verfügbaren Mittel eingesetzt werden, um weitere kommunistische Siege in der Region zu verhindern. Im September 1954 wurde auf Initiative von Dulles in Manila von den USA, Großbritannien, Frankreich, Australien, Neuseeland, den Philippinen, Thailand und Pakistan die Südostasiatische Verteidigungsgemeinschaft (SEATO) als asiatisches Gegenstück zum NATO-Bündnis gegründet. Damit sollte der amerikanische Einfluss in Ostasien abgesichert werden. In einem zusätzlichen Protokoll wurden Laos, Kambodscha und Südvietnam zu Schutzgebieten erklärt – Kambodscha unter Prinz Sihanouk lehnte höflich ab –, womit die Grundlage für eine spätere Intervention gelegt und zumindest der Geist des Genfer Abkommens verletzt wurde.[2,4,5,6]

Helfer im politischen Geschäft der Amerikaner wurde Ngo Dienh Diem, der im Juni 1954 von Kaiser Bao Dai in Cannes zum Ministerpräsidenten ernannt wurde. Der Katholik Diem, Jahrgang 1901, war eine Mischung aus Mönch und Mandarin. 1933 hatte Kaiser Bao Dai ihn zum Innenminister unter französischer Oberherrschaft ernannt; er war nach drei Monaten mit der Bemerkung zurückgetreten, er könne nicht gegen die Interessen seines Landes handeln. 1942 versuchte er vergeblich, die Japaner davon zu überzeugen, Vietnam die Unabhängigkeit zu gewähren; 1945 wollte er verhindern, dass Bao Dai sich auf die Seite Ho Chi Minhs schlagen würde. Er wurde gefangen genommen und nach Hanoi gebracht, wo er Ho Chi Minh traf. Dessen »Bitte«, in der neuen Regierung mitzuarbeiten, lehnte er ab, obwohl er damit rechnen musste, dass dies sein Leben kosten würde. Stattdessen wurde er von **Ho Chi Minh** aus der Haft entlassen. Die Kom- S.64
munisten erkannten später, dass dies wohl ein Fehler gewesen war, und verurteilten ihn in Abwesenheit zum Tode. 1950 überlebte er ein Attentat und ging dann für zwei Jahre in ein Seminar in New Jersey, wo einflussreiche Leute auf ihn aufmerksam wurden: Kardinal Francis Spellman aus New York, der Richter am Bundesgericht, William O. Douglas, die Senatoren Mike Mansfield und John F. Kennedy. 1953 war Diem in einem Benediktinerkloster in Belgien, ein Jahr später schlug seine Stunde – auf Empfehlung der Amerikaner.

In Cannes ließ Kaiser Bao Dai ihn vor einem Kruzifix niederknien und schwören, Vietnam zu verteidigen, »gegen die Kommunisten, notfalls auch gegen die Franzosen«. Die Amerikaner glaubten, Diem vertrete einen echten vietnamesischen Nationalismus. Er war in jedem Fall, wie es US-Botschafter Donald Heath in Saigon notierte, ein »Wagnis«, aber: »Wenn wir ihn nicht unterstützen, wird die Sache noch schlimmer.« Dulles sah das ähnlich; man habe keinen Besseren gefunden und müsse ihn jetzt unterstützen, »und sei es auch nur, um Zeit zu gewinnen«. Diem schien ein Mann der Amerikaner zu werden. Die Franzosen lehnten ihn vollkommen ab; für Ministerpräsident Pierre Mendès-France war er »völlig negativ«, für seinen Nachfolger Edgar Faure »nicht nur unfähig, sondern verrückt«, worüber sich Dulles erfreut zeigte: Er wertete dies als Zeichen für einen frühen Rückzug der Franzosen.

Das Genfer Abkommen sah für 300 Tage eine vollständige Bewegungsfreiheit in Vietnam vor. Diese Zeit nutzten die Amerikaner, um Nordvietnam zu destabilisieren und Südvietnam unter Diem zu stabilisieren. Die CIA betrieb unter Colonel Edward Lansdale, einem ehemaligen Werbefachmann, psychologische Kriegführung und Sabotage in Nordvietnam. Die antikommunistischen Einheiten wurden auf der Clark Airbase auf den Philippinen geschult, die Führer der aufständischen Stämme im Norden erhielten jeder drei Millionen Dollar aus CIA-Mitteln. Wahrsager, die bestochen worden waren, verkündeten: »Die Jungfrau Maria zieht nach Süden.« Dem folgten etwa 900 000 bis eine Million Katholiken, die für den Katholiken Diem im Süden die einzige politische Stütze werden sollten. Diem führte im Herbst 1955 ein Referendum durch, bei dem sich 98,2 Prozent für ihn aussprachen; dass mehr Stimmen abgegeben worden waren, als es Wähler gab, spielte offensichtlich keine Rolle. Am 26. Oktober 1955 rief Diem die Republik Vietnam aus – mit sich als Präsident. Washington erkannte dies sofort an und ließ Bao Dai fallen.

In den USA gab es inzwischen die »American Friends of Vietnam«. Ihr Motto lautete: »Ein freies Vietnam bedeutet eine bessere Garantie für die Freiheit in der Welt.« Für John F. Kennedy war Südvietnam 1956 ein »Eckpfeiler der freien Welt in Südostasien«; im selben Jahr

Flüchtlinge aus Nordvietnam gehen an Bord eines US-Schiffes – auf dem Weg in die Freiheit nach Südvietnam, wie das Transparent verkündet. Etwa eine Million folgen damit 1954/55 den Versprechungen der Amerikaner. Es sind zumeist Katholiken, die das Regime des Katholiken Diem stützen sollen.

besuchte US-Vizepräsident Richard Nixon zum zweiten Mal Vietnam (das erste Mal war er im November 1953 in Vietnam gewesen, wo er französische Truppen besucht hatte). Für Dulles reichte es, wenn Diem »kompetent, antikommunistisch und entschlossen« war; unter diesen Umständen fanden die in Genf vereinbarten Wahlen 1956 nicht statt. Im Jahr 1957 besuchte Diem die USA, wo Eisenhower ihn als »harten, kleinen Wundermann« bezeichnete, dem die Ehre zuteil wurde, vor beiden Häusern des Kongresses zu sprechen. Das Nachrichtenmagazin »Newsweek« nannte ihn 1959 »einen der fähigsten Staatsmänner in Asien. Wir können stolz darauf sein, einen solchen Mann zu unterstützen.«[4,19]

Diese Unterstützung belief sich von 1955 bis 1961 auf mehr als 1,8 Mrd. Dollar. Damit stand Diem an fünfter Stelle der amerikanischen Auslandshilfe; die amerikanische Botschaft in Saigon war mit 1500 Mitarbeitern die größte der Welt. Die amerikanische »Entwicklungshilfe« versickerte; es wurden teilweise »grandiose« Projekte verwirklicht, etwa eine vierspurige Autobahn zwischen Saigon und Bien Hoa, obwohl die Dörfer in der Nähe dieser Autobahn mit dem Auto, das sich sowieso nur die wenigsten leisten konnten, gar nicht erreichbar waren.[44] Die Amerikaner »eroberten« zu keinem Zeitpunkt die Herzen der Vietnamesen. Das Ganze war auf Sand gebaut, eine typische »American Style Democracy«, während Ho Chi Minh im Norden eine kommunistische Diktatur errichtete. General Giap hat das später selbst eingestanden: »Wir haben überall Feinde gesehen und Terrormethoden angewandt. Folterungen waren an der Tagesordnung.« Ho gestand 1956 öffentlich: »Wir haben Fehler gemacht.«

Noch größere Fehler machte allerdings Diem – ohne dass die Amerikaner frühzeitig eingegriffen hätten. Das wiederum war einer der größten Fehler der Amerikaner. 1960 wurde die Situation in Südvietnam katastrophal. Am 20. Dezember 1960 wurde in der Nähe von Saigon die Nationale Befreiungsfront für Südvietnam gegründet; ihr
S. 74 Hauptziel war der **Sturz Diems**. Obwohl dieser Befreiungsfront nicht

Ende 1954 nehmen die Amerikaner die Sache in Südvietnam in die Hand. Der neue starke Mann dort ist Ngo Dinh Diem, der im Mai 1957 Washington besucht. Hier bei der Begrüßung durch Präsident Dwight D. Eisenhower; hinter ihm Außenminister John Foster Dulles.

nur Kommunisten angehörten, prägte Diem den Begriff »Vietcong« = Vietnam Communists, ein Begriff, der sich einprägen sollte.

Unter Kennedy verstärkte sich das amerikanische Engagement in Südvietnam. Ein kommunistischer Sieg dort war für den Präsidenten unvorstellbar. Für ihn war Südvietnam weiter der Eckstein der freien Welt in Südostasien – erst recht nach dem für ihn ziemlich katastrophalen Verlauf des Gipfeltreffens mit Kremlchef Chruschtschow am 3./4. Juni 1961 in Wien. Wenn schon nicht in Berlin, dann sollte die Glaubwürdigkeit der amerikanischen Stärke eben woanders unter Beweis gestellt werden, und zwar in Südvietnam, wie Kennedy noch in Wien James Reston von der *New York Times* anvertraute.[4]

Es begann jene Reihe von *fact finding missions*, die zum Ritual amerikanischer Politik wurden. Im Mai 1961 war Vizepräsident Lyndon B. Johnson in Vietnam und nannte Diem öffentlich den »Winston Churchill Südostasiens«; man müsse ihn unterstützen oder die Verteidigung der USA auf die Linie San Francisco verlegen. Im Oktober 1961 waren General Maxwell Taylor und Präsidentenberater Walt Rostow in Vietnam. Ihre Empfehlung: Aufgabe der Beraterrolle, hin zu einer »begrenzten Partnerschaft« mit Südvietnam, Wirtschafts- und Militärhilfe, 8000 Mann Kampftruppen. Verteidigungsminister Robert McNamara war im Mai 1962 in Vietnam und verkündete nach 48-stündigem Aufenthalt, alles deute darauf hin, »dass wir den Krieg gewinnen«. Er und die Stabschefs forderten den Einsatz von 200 000 Soldaten. Kennedy war skeptisch:

> »Was wird geschehen? Die Truppen marschieren ein, die Militärmusik spielt, die Leute klatschen Beifall. Aber was dann? Nach ein paar Tagen ist das vergessen, dann heißt es: mehr Truppen. Das ist wie mit Alkohol: Die Wirkung lässt nach, und dann muss man immer wieder einen Schluck nehmen.«[4]

Der Nationale Sicherheitsrat der USA traf zunächst keine Entscheidung, aber im Februar 1962 wurde ein Militärkommando in Vietnam eingerichtet, das »Military Assistance Command Vietnam« (MACV), das so genannte »Mac Vee«. Wenn man so will, beginnt hier bereits der amerikanische Krieg in Vietnam.

Unter Verletzung des Genfer Abkommens wurden nun Militärberater eingesetzt: Waren es unter Eisenhower Ende 1960 etwa 800, so waren es im Oktober 1962 bereits 1364, Ende 1962 10 000 und Anfang November 1963 15 000. Wie McNamara verkündete auch Justizminister Robert Kennedy Anfang 1962: »Wir sind dabei, den Krieg zu gewinnen.« Und Richard Nixon betonte, die USA müssten alles einsetzen, um den Sieg zu erringen. In der *New York Times* hieß es damals: »Dies ist ein Kampf, dem sich das Land nicht entziehen kann.«[20, 21, 22]

Inzwischen entwickelte sich Diem allerdings zu einer »Puppe, die an den eigenen Strippen zieht«; mit ihm war ein Sieg gegen die Kommunisten offensichtlich nicht zu erringen. Er wurde schließlich am 1. November 1963 gestürzt und am Tag darauf ermordet. Drei Wochen später, am 22. November 1963, fiel Präsident Kennedy einem Attentat zum Opfer. Die oft gestellte Frage, ob er am Ende das amerikanische Engagement in Vietnam beendet hätte, kann auch heute nicht beantwortet werden. Tatsache bleibt, dass während seiner kurzen Präsidentschaft die Zahl der so genannten Militärberater von etwa 800 auf 16 732 erhöht wurde und er auch am Sturz Diems nicht ganz unbeteiligt war.[6,7]

Die mit **Diems Ende** erhoffte politische Stabilität blieb allerdings aus: In den folgenden Monaten löste in Saigon ein Militärputsch den anderen ab – bis die USA 1965 die Sache endgültig in die eigenen Hände nahmen und den Weg in den Sumpf (*quagmire*) beschritten. S.74

Johnsons Krieg

Auch für Kennedys Nachfolger, den Texaner Lyndon B. Johnson, war Südvietnam das erste Glied einer langen Dominoreihe. Würde dieser Dominostein fallen, so würden auch die übrigen Staaten Südostasiens kommunistisch werden. Es hieß sogar, die Freiheit San Franciscos werde in Saigon verteidigt. Mit Johnson begann jedenfalls die »Amerikanisierung« des Krieges. Zwei Tage nach seiner Vereidigung ließ er den südvietnamesischen Generälen mitteilen, dass er zu seinem Wort stehe, »und dass wir den uns von den Kommunisten aufgezwungenen Kampf – von außen unterstützt und geführt – gewinnen werden«. Die meisten Verbündeten der USA sahen das ähnlich und unterstützten diese Politik – mit Ausnahme Frankreichs. De Gaulle war von Anfang an davon überzeugt, dass eine Lösung des Konflikts nur in einer Neutralisierung ganz Indochinas liegen könne. Für Washington kam das nicht in Frage. Präsidentenberater McGeorge Bundy meinte, man dürfe daran nicht einmal denken, das US-Prestige würde damit einen schweren Schlag erleiden und Johnson die Wahl im Herbst 1964 verlieren. Anfang März 1964 stellte der Nationale Sicherheitsrat klar:

> »Ein Sieg der Kommunisten würde dem Ansehen der USA in der ganzen Welt Schaden zufügen. Der Konflikt ist ein Testfall dafür, wie die USA mit einem kommunistischen ›Befreiungskrieg‹ umgehen werden. Die gesamte US-Außenpolitik ist betroffen.«

Und Verteidigungsminister Robert McNamara betonte am 8. März 1964 in Saigon: »Wir werden so lange bleiben, bis wir die Kommunisten besiegt haben.«[4,7,27] Dafür war ein stärkeres militärisches Engagement notwendig, wozu das Pentagon bereit war. Dort wurden bereits Vorbereitungen für eine Bombardierung Nordvietnams getroffen. Was man benötigte, war eine Resolution, die Präsident Johnson freie Hand in Vietnam gab. Das geschah Anfang August nach einem bis heute nicht restlos geklärten Zwischenfall in der Bucht von Tonking. Am Abend des 4. August 1964 informierte Johnson eine erstaunte Nation über nordvietnamesische Angriffe auf amerikanische Schiffe, und dass Gegenmaßnahmen ergriffen worden seien. Erstmals flogen amerikanische Flugzeuge Angriffe auf Ziele in Nordvietnam, während am nächsten Tag das amerikanische Abgeordnetenhaus einstimmig und der Senat mit 88:2 Stimmen Johnson ermächtigten, »alle notwendigen Schritte einschließlich der Anwendung bewaffneter Gewalt zu ergreifen«.[26,29] Auf der Basis dieser
S.79 **Tonking-Resolution** begann die Eskalation des Krieges. Von nun an verbanden die USA stärker als je zuvor ihr Prestige als westliche Führungsmacht im Kampf gegen den Kommunismus mit dem Schicksal Südvietnams. Im Rückblick mutet es fast schon tragisch an, dass Johnson bereits zu diesem Zeitpunkt davon überzeugt war, dass es sich nicht lohne, für Vietnam zu kämpfen, und in CIA-Kreisen Ende August 1964 die Frage: »Kann der Krieg in Südvietnam gewonnen werden?« mit »Nein!« beantwortet wurde.[44] Johnson war ein Kind des Kalten Krieges – und zu abhängig von Beratern und Militärs. Und so kam es, wie es kommen musste.

Die Amerikanisierung des Krieges begann, weil Südvietnam selbst nicht bereit war, diesen Kampf zu führen, und Südvietnam aus US-

US-Präsident Lyndon B. Johnson und Verteidigungsminister Robert McNamara am 27. Juli 1965. Am nächsten Tag entscheidet Johnson, den Krieg in Vietnam zu führen, der am Ende seine Präsidentschaft zerstört.

Sicht nicht »verloren« gehen durfte. Korruption und Vetternwirtschaft blieben dabei ein Markenzeichen der südvietnamesischen Führung. Der Nachfolger Diems, General Duong Van Minh (»Big Minh«), war korrupt, spielte lieber Tennis und pflegte seine Orchideen und exotischen Vögel, anstatt zu regieren. Im Januar 1964 wurde er von General Khanh abgesetzt – der genauso korrupt und inkompetent war. US-Botschafter Cabot Lodge wusste von diesem Coup, unternahm aber nichts dagegen. Er präsentierte Khanh als neue Hoffnung Südvietnams. Im Dezember 1964 folgte der nächste Coup; nun war kein Zivilist mehr in der Regierung. Der neue US-Botschafter Maxwell Taylor verlor damals die Geduld und machte der Junta klar:

»Versteht ihr alle englisch? Ich habe euch allen klar gesagt, dass wir Amerikaner eure Coups satt haben. Offensichtlich waren meine Worte nutzlos. Vielleicht lag das daran, dass mein Französisch nicht so gut ist, weil ihr offensichtlich nichts begriffen habt. [...] Es hängt alles von der Stabilität der Regierung ab. Ihr habt wirklich Mist gebaut. Wir können euch nicht ewig stützen, wenn ihr so weitermacht wie bisher.«[4]

Die Schwäche der Khanh-Regierung wurde am Heiligen Abend 1964 demonstriert, als bei einem Vietcong-Angriff auf ein US-Offizierskasino zwei Amerikaner getötet und 38 verwundet wurden.[1] Das Pentagon, Taylor und der neue Oberbefehlshaber, General William Westmoreland, wollten einen sofortigen Gegenschlag, und zwar Luftangriffe. Johnson zögerte noch:

»Ich glaube nicht, dass dieser Krieg aus der Luft gewonnen werden kann; ich meine vielmehr, was wir viel eher brauchen und was viel erfolgreicher ist, das sind Rangers, Spezialeinheiten und Marines. Entsprechende Vorschläge werden von mir wohlwollend geprüft.«[4, 28]

Taylor sprach sich am 6. Januar 1965 gegen den Einsatz amerikanischer Truppen aus; das sei

»nicht nur nicht notwendig, sondern auch kontraproduktiv; Südvietnam hat alles. Was fehlt, ist Motivation, Wille. Wir würden dann den Krieg führen, während die Mehrheit der Vietnamesen gegen uns sein wird, bis wir, wie die Franzosen, dieses Land besetzen.«[7]

Er schlug wieder Luftangriffe gegen Nordvietnam vor. Präsidentenberater McGeorge Bundy meinte zu Außenminister Dean Rusk:

»Die Moral in Südvietnam wird ständig schlechter, weil alle glauben, dass die USA nicht bereit sind, sich stärker zu engagieren und nur nach Wegen suchen, die Sache zu beenden.«

Man müsse die unwiderrufliche Entscheidung klar machen, dass das nicht der Fall sei, andernfalls drohe weltweit eine Katastrophe für die Glaubwürdigkeit der USA.

In den folgenden Wochen wurden die folgenschwersten Entscheidungen getroffen: Der Krieg in Vietnam wurde zu einem amerikanischen Krieg. Im Laufe des Januar verschlechterte sich die innenpolitische Lage in Südvietnam zusehends. Die Buddhisten weigerten sich, an der von den Militärs kontrollierten Regierung teilzunehmen, und organisierten stattdessen Demonstrationen, Hungerstreiks und erneut Selbstverbrennungen – dies mit zunehmend anti-amerikanischen Untertönen: Taylors Rücktritt wurde gefordert. Ende Januar stürmten 5000 Studenten die Bibliothek des US-Informationsdienstes in Hué. Am 27. Januar wurde Premierminister Huong gestürzt und flüchtete in die britische Botschaft, wo ihm Asyl gewährt wurde. Die Amerikaner befürchteten, dass die neue Regierung in Saigon zu Gesprächen mit Hanoi bereit sein könnte. Der Vietcong vernichtete zwei südvietnamesische Eliteeinheiten, gleichzeitig gab es Berichte, dass erstmals reguläre Einheiten der nordvietnamesischen Armee nach Südvietnam eingedrungen seien. Es sah so aus, als ob ein kommunistischer Großangriff bevorstünde, dem die südvietnamesische Armee nicht standhalten könnte. »Wenn wir jetzt nichts unternehmen«, so warnte Taylor, »dann akzeptieren wir eine Niederlage in ziemlich naher Zukunft«. Sein Stellvertreter meinte, es sei jetzt an der Zeit, Nordvietnam, »Big Brother in the North«, eine Lektion zu erteilen.[44]

Am 7. Februar lieferten die Kommunisten den Amerikanern einen geeigneten Anlass: Bei einem schweren Angriff gegen eine amerikanische Kaserne in Pleiku und einen Hubschrauberstützpunkt wurden neun US-Soldaten getötet und über 100 verwundet. Dies geschah am letzten Tag des Aufenthaltes von Präsidentenberater McGeorge Bundy in Südvietnam – während gleichzeitig der Vorsitzende des sowjetischen Ministerrates, Alexej Kossygin, in Hanoi weilte. Die Operation »Flaming Dart« begann noch am selben Tag: 132 Navy-Jets flogen von Flugzeugträgern aus schwere Angriffe gegen Ziele in Nordvietnam.

Am 10. Februar kam der nächste Schlag des Vietcong: in Qui Nhon wurden 23 amerikanische Soldaten getötet und mehr als 20 verwundet. Johnson befahl umgehend eine Verstärkung der Luftangriffe: die Operation »Rolling Thunder« lief an – ganz im Sinne von Luftwaffenstabschef General Curtis E. LeMay, der wie 1945 Japan jetzt Nordvietnam »in die Steinzeit zurückbomben« wollte. Während die Vorberei-

David gegen Goliath. Das bekannte Bild hat Symbolcharakter und war 1967 Motiv einer nordvietnamesischen Propagandabriefmarke zur Stärkung der Kampfmoral. Dem entspricht die unzutreffende Botschaft: »2000 amerikanische Bombenflugzeuge sind bereits abgeschossen worden.«

tungen für die Angriffe liefen, kam es in Saigon zum nächsten Putsch des Offizierscorps – der achte seit der Ermordung Diems. Nunmehr wurde eine proamerikanische Regierung eingesetzt unter einem Militärtriumvirat der Generäle Nguyen Cao Ky, Nguyen Chanh Thi und Nguyen Van Thieu. Die Generäle machten die Zusage, mit dem Feind keine Verhandlungen aufzunehmen. Zuvor hatte Bundy gewarnt, dass ohne ein direktes Eingreifen der USA eine Niederlage unausweichlich sein werde, wahrscheinlich nicht in Wochen oder Monaten, »aber innerhalb des nächsten Jahres«.[44]

Am 2. März begann »Rolling Thunder« und wurde erst am 31. Oktober 1968 beendet. In dieser Zeit flogen die Amerikaner 304 000 Kampfeinsätze mit Jets und 2380 Angriffe mit B-52-Bombern; dabei wurden mehr Bomben abgeworfen als während des Zweiten Weltkrieges im Pazifik oder während des Koreakrieges. 922 Flugzeuge gingen verloren; unter den 591 Kriegsgefangenen, die Nordvietnam 1973 freiließ, befanden sich 457 Piloten, die während der Operation über Nordvietnam abgeschossen worden waren. In Nordvietnam wurden die Hälfte aller Brücken, sämtliche Öllager und Raffinerien sowie zwei Drittel aller Kraftwerke zerstört. Über 50 000 Bewohner verloren ihr Leben. Dabei gab es allerdings so genannte »No Fly Zones«, nämlich Hanoi und Haiphong und ein Gebiet 30 Meilen südlich der chinesischen Grenze. Das Ziel, Nordvietnam zu Verhandlungen zu zwingen und auf der Basis der amerikanischen Vorstellungen, nämlich einen unabhängigen antikommunistischen Staat südlich des 17. Breitengrades zu akzeptieren, wurde nicht erreicht. Von daher steht »Rolling Thunder« als klassisches Beispiel für das Scheitern eines Unternehmens. 1972 hieß es dazu im Außenpolitischen Ausschuss des US-Senats:

> »Es gibt keinen Hinweis darauf, dass einer unserer Geheimdienste geglaubt hat, dass die Bombardierung Nordvietnams die Unterstützung der Vietcong durch Nordvietnam beenden würde oder könnte. Die Geheimdienste hofften vielmehr, mit der Bombardierung Nordvietnam zu bestrafen und möglicherweise den Widerstandswillen dort zu brechen.«

Für das Scheitern kann man drei Hauptgründe nennen:

1. Nordvietnam war ein vorindustrielles Agrarland und nicht in ähnlicher Weise verwundbar wie Deutschland oder Japan im Zweiten Weltkrieg.
2. Die US-Luftwaffe hätte Nordvietnam zerstören können. Aber das war nicht das Ziel der Zivilisten Johnson und McNamara. Es war ein begrenzter Bombenkrieg, sorgfältig von ihnen kontrolliert, sie legten mit ihren engsten Vertrauten an jenen berühmten Dienstagsessen im Weißen Haus (»Tuesday White House Luncheons«) Angriffsziele, Zahl der Flugzeuge etc. bis ins Detail fest – immer mit Blick auf Peking und Moskau und der Furcht vor einer möglichen Ausweitung des Krieges. Später wurde dies Johnson von den Militärs zum Vorwurf gemacht.
3. Nordvietnam hielt am Kriegsziel – Wiedervereinigung unter kommunistischen Vorzeichen – unbeirrt fest.[7,8,44]

Die größte Basis der Amerikaner war Da Nang. Mit Aufnahme des Bombenkrieges waren dort Angriffe der Vietcong zu erwarten. Von daher forderte General Westmoreland Marineinfanteristen zum Schutz der Basis an. Dass es dabei nicht bleiben würde, war vorhersehbar. Botschafter Taylor hatte am 22. Februar 1965 eindringlich davor gewarnt, Marineinfanteristen in Da Nang zu stationieren; dies wäre gleichbedeutend mit einer Änderung der bisherigen Politik, keine Bodentruppen in Südvietnam einzusetzen. Was wären die Konsequenzen, wenn man mit dieser Politik brechen würde? Sobald deutlich werde, dass die USA bereit seien, neue Aufgaben zu übernehmen, »wird die Regierung Vietnams mit großer Wahrscheinlichkeit versuchen, andere Aufgaben der Bodentruppen auf uns abzuwälzen«. Darüber hinaus würden mehr Bodentruppen die Spannungen mit der einheimischen Bevölkerung erhöhen. Wie Präsident Eisenhower 1954 S.70 im Zusammenhang mit **Dien Bien Phu**, so warnte Taylor erneut eindringlich vor dem Einsatz amerikanischer Soldaten:

> »Ein weißer Soldat, so wie er bewaffnet, ausgerüstet und trainiert ist, ist kein geeigneter Guerillakämpfer für asiatische Wälder und Dschungel. Die Franzosen haben es versucht und sind gescheitert. Ich bezweifle, dass amerikanische Truppen es viel besser machen könnten. [...] Und schließlich wäre da noch die immer präsente Frage, wie ein fremder Soldat zwischen einem Vietcong und einem freundlich gesinnten vietnamesischen Bauern unterscheiden kann.« [9]

Die Warnungen des Militärs Taylor verhallten in Washington genauso ungehört wie jene des Zivilisten George Ball, Unterstaatssekretär im Außenministerium. Ball hatte Anfang der fünfziger Jahre an der amerikanischen Botschaft in Paris das Elend Frankreichs in Indochina hautnah miterlebt und schon im November 1961 Kennedy vor einem militärischen Engagement in Südvietnam gewarnt; irgendwann würden 300 000 amerikanische Soldaten dort stationiert sein. Kennedy hatte dies als nachgerade lächerlich zurückgewiesen. Jetzt warnte Ball erneut vor einer Ausweitung des amerikanischen Engagements in Südvietnam. Dessen Lebensfähigkeit sei offensichtlich nicht gegeben, und man könne sich zurückziehen, ohne das Gesicht zu verlieren. Auf keinen Fall sollten Truppen eingesetzt werden, denn: »Sitzen wir erst einmal auf dem Rücken des Tigers, können wir nicht mehr sicher sein, uns den Ort aussuchen zu können, an dem wir absteigen wollen.« [12,38]

Die angeblich »besten und klügsten« Köpfe (»the best and brightest«) in Washington sahen das anders. Am 8. März 1965 folgte der nächste entscheidende Schritt der Amerikaner: Erstmals seit dem Koreakrieg betraten wieder amerikanische Kampftruppen asiatischen Boden. In Da Nang gingen 3500 Marines an Land – in voller Kampfausrüstung mit Panzern, Granatwerfern und wehenden Fahnen, empfangen von hübschen Vietnamesinnen mit Blumen. Was so schön aussah, war in Wirklichkeit der Anfang der Katastrophe. Hanoi sprach von einer offenen Kriegserklärung. Die treuesten Verbündeten der USA, die Briten, sahen die Amerikaner schon zu diesem Zeitpunkt in einer »hoffnungslosen Situation« in Südvietnam.[31] Premierminister Harold Wilson versuchte denn auch – gemeinsam mit den Sowjets als Co-Vorsitzende der Indochina-Konferenz –, mögliche Verhandlungen einzuleiten. Johnson machte klar, dass man Großbritannien als Vermittler ablehnte. Rusk wurde gegenüber Außenminister Stewart noch deutlicher: das Wort »Verhandlungen« dürfe man gar nicht erwähnen. Und weiter: »Der Vietnamkrieg ist kein Sonntagsspaziergang. Er ist eine harte Sache.« [44]

Am 7. April 1965 hielt Johnson an der Johns Hopkins University in Baltimore eine viel beachtete Rede, in der er die Ziele der amerikanischen Vietnampolitik definierte: Er bekräftigte die Entschlossenheit der USA, sich nicht aus Südvietnam zurückzuziehen, bekundete aber gleichzeitig die Bereitschaft zu »Gesprächen ohne Vorbedingung«. Außerdem versprach er, dass die USA eine Mrd. Dollar für die Entwicklung Südostasiens zur Verfügung stellen würden. Es war sein, wie er einige Tage später formulierte, 3-D-Ansatz: Entschlossenheit, Gespräche, Entwicklung (*determination, discussion, development*), ein Mittelkurs zwischen den »Falken« in Washington, die Rotchina angreifen

Ein Bild mit Symbolcharakter: US-Präsident Lyndon B. Johnson will nicht in einen Krieg in Asien verwickelt werden. Er fühlt sich nach eigener Aussage nicht unbedingt als der geborene Oberbefehlshaber. Hier hört er sich ein Tonband aus Vietnam an, in dem sein Schwiegersohn einen Vietcong-Hinterhalt beschreibt, bei dem amerikanische Soldaten getötet wurden.

wollten, und den »Tauben«, die für einen Rückzug aus Vietnam plädierten. Hanois Bedingung lautete: erst Abzug der amerikanischen Truppen (dies blieb die Position für die nächsten drei Jahre).[44]

Am 21. April wurden 40000 US-Soldaten nach Südvietnam geschickt. Es ging jetzt nicht mehr um die Frage, *ob* Soldaten eingesetzt werden sollten, sondern nur noch *wie viele*. Der 28. Juli ist in diesem Zusammenhang das historisch wohl wichtigste Datum, an dem Johnson entschied, diesen Krieg zu führen:[3] Es wurden weitere 75000 Soldaten nach Vietnam geschickt. Ende 1965 waren bereits 181000 in Südvietnam. Das war die Amerikanisierung des Vietnamkrieges. Unter dem Oberbefehl von General Westmoreland lautete die Devise: Aufspüren, Vernichten, die Toten zählen, weiter (*search, destroy, count the bodies, move on*). Abnutzungsstrategie nannte man das: Am Ende würde Nordvietnam erschöpft aufgeben – hoffte man. Das erste Halbjahr 1965 war das entscheidendste in der Geschichte des amerikanischen Krieges in Vietnam. Der damalige Verteidigungsminister McNamara nannte dies so 1995 in seinen Erinnerungen und sprach von einer Intervention, »die am Ende Johnsons Präsidentschaft zerstörte und die Nation so spaltete wie nichts mehr seit dem Bürgerkrieg«.[42]

Die Lage in Südvietnam verschlechterte sich täglich. Ende November 1965 meinte McNamara, die Regierung in Saigon überlebe, »wird aber von der Mehrheit der Bevölkerung nicht unterstützt«. Tatsächlich kontrollierte die Regierung nur etwa 25 % der Bevölkerung. Die US-Botschaft in Saigon beschrieb die Situation folgendermaßen: »Falls es eine gewählte Volksvertretung in Saigon gibt, wird sie innerhalb einer Woche mit Hanoi verhandeln.« Die Buddhisten waren für Frieden; in Saigon konnte man Plakate sehen mit der Aufschrift: »Stop killing our people.« Präsidentenberater Walt Rostow meinte zu Johnson, es herrsche eine klassische, revolutionäre Situation – wie in Paris 1789 oder St. Petersburg 1917. Im Mai 1966 ging die Regierung gegen die Mönche in Da Nang vor; deren Hauptquartier, die Pagode, sah danach wie ein Schlachtfeld aus. Die Amerikaner konnten alles tun, aber die Südvietnamesen nicht dazu bringen, diese Regierung zu unterstützen. Damit blieben Washington zwei Optionen, nämlich 1. Abzug oder 2. Bleiben. Johnson entschied sich zu bleiben – auch ohne Hilfe der südvietnamesischen Soldaten, die als »lächerliche kleine orientalische Spielzeugsoldaten« abqualifiziert wurden.[6]

Der amerikanische Krieg veränderte die gesamte Gesellschaftsstruktur Südvietnams. Das Land hatte vor Beginn dieses Krieges Reis exportiert, 1967 mussten 759 000 Tonnen importiert werden (zumeist aus den USA). Die Einwohnerzahl Saigons stieg von 15 auf 40 % der gesamten südvietnamesischen Bevölkerung; von den 17 Mio. Einwohnern waren 5 Mio. offiziell Flüchtlinge.[7]

Das Ende von Johnsons Krieg kam im Januar 1968 mit der **Tet-Offensive** der Nordvietnamesen und des Vietcong. Es war ein von Amerikanern und Südvietnamesen nicht mehr für möglich gehaltener Großangriff. Am Ende hatten diese zwar alles wieder zurückerobert, aber es wurde ein Pyrrhussieg: Die amerikanische Öffentlichkeit hatte den Glauben an den Sieg verloren, Johnson seine Glaubwürdigkeit S. 85

Zwischen 1962 und 1971 versprühen die Amerikaner etwa 50 Millionen Liter des hochgiftigen Agent Orange in Südvietnam. Das Land soll entlaubt werden, um den Feind besser bekämpfen zu können. Die Folgen sind heute noch zu sehen: Krebs, Missgeburten, zerstörte Landschaften.

eingebüßt. Die ersten erkennbaren Wirtschaftsprobleme kamen hinzu. Ende März verkündete Johnson im Fernsehen seinen Verzicht auf eine erneute Kandidatur für das Präsidentenamt; am 13. Mai 1968 begannen in Paris so genannte Friedensgespräche.

Johnson zog sich auf seine Ranch in Texas zurück. 1964 hatte er einmal zu einem Freund gesagt, Vietnam sei nicht das Leben eines einzigen amerikanischen Soldaten wert.[44] Jetzt waren bereits Tausende tot. Nach seinem Scheitern bilanzierte Johnson:

> »Von Anfang an wusste ich, dass man mich kreuzigen würde – so oder so. Würde ich jene Frau verlassen, die ich wirklich geliebt habe – die ›Great Society‹ [gleiche Chancen für die Schwarzen, Krieg gegen die Armut, Verbesserung des Schulwesens] –, um zu jener Hure auf der anderen Seite der Welt zu gehen – der Krieg in Vietnam –, dann würde ich alles zu Hause verlieren. Hätte ich den Krieg aufgegeben und Südvietnam den Kommunisten überlassen, dann wäre ich als Feigling und mein Land als ›appeaser‹ dagestanden, und es

> wäre unmöglich gewesen, für irgendjemanden irgendwo sonst etwas zu erreichen.«[28]

Laut Kissinger hatte Johnson mit dem Krieg eine »nationale Pflicht« erfüllt – ohne ein Kriegspräsident zu sein, der er auch nie sein wollte.[40] Er starb am 22. Januar 1973; am nächsten Tag paraphierten Kissinger und Le Duc Tho in Paris das so genannte Friedensabkommen.

Nixons Krieg

Der neue Präsident hieß Richard M. Nixon. So wie Eisenhower 1952 die Wahl mit dem Versprechen gewonnen hatte, den Krieg in Korea zu beenden, so hatte Nixon die Wahl mit dem Versprechen gewonnen, den Vietnamkrieg zu beenden. Und so wie Eisenhower 1953 mit der Entscheidung, notfalls Atomwaffen einzusetzen, die Nordkoreaner in die Knie gezwungen hatte, so hatte Nixon seinen »Geheimplan«. Dies war die Theorie eines Verrückten, die »mad man«-Theory. Nixon wörtlich:

> »Die Nordvietnamesen sollen glauben, dass ich an einem Punkt bin, wo ich zu allem fähig bin, um den Krieg zu beenden. Wir können ihn nicht zurückhalten. Und er hat die Hände am Atomdrücker. Ho Chi Minh persönlich wird dann innerhalb von zwei Tagen in Paris sein und um Frieden bitten.«[40]

Im März 1969 ging diese Botschaft nach Hanoi. Gleichzeitig gab Nixon seine Zustimmung zur Forderung der Stabschefs, B-52-Angriffe auf vietnamesische Basen hinter der Grenze zu Kambodscha zu fliegen. Er war überzeugt davon, dass der Krieg ausgeweitet werden musste, um ihn zu beenden – und zwar ehrenvoll. Das sei, so sein Sicherheitsberater Henry Kissinger, »für den Frieden der Welt absolut notwendig. Jede andere Lösung wird möglicherweise die internationale Lage verkomplizieren.« Nixon stimmte zu. Kurz nach der Amtsübernahme meinte er: »Das eigentliche Ziel dieses Krieges heißt Frieden. Das ist ein Krieg für den Frieden.«[3]

Die Nordvietnamesen verlegten ihre Nachschubbasen weiter ins Innere Kambodschas – weg von der Grenze. Die B-52 folgten ihnen, mit verheerenden Folgen für Kambodscha. 15 Monate lang wurden insgesamt 3630 B-52-Einsätze geflogen. Bei dieser »Operation Menu« war alles so geheim, dass selbst die geheimen Berichte der B-52-Einsätze gefälscht wurden. Als doch etwas durchsickerte und ein Bericht in der *New York Times* erschien, war Nixon außer sich. Von nun an gab es geheime Tonbandaufzeichnungen im Weißen Haus, um die undichte Stelle herauszufinden.

Im Juni 1969 verkündete Nixon seine neue Doktrin, um den Krieg zu beenden: Das Zauberwort hieß Vietnamisierung, und das bedeutete den Abzug der amerikanischen Truppen. Deren Aufgabe sollten die Südvietnamesen übernehmen – was letztlich zur »Vietnamisierung der Särge« führte. Bis Ende des Jahres sollten die ersten 25 000 Soldaten abgezogen werden. Gleichzeitig beauftragte Kissinger den Nationalen Sicherheitsrat, Möglichkeiten für einen »brutalen, entscheidenden Schlag« (*»savage, decisive blow«*) zu überprüfen. Das schloss auch den Einsatz von Atomwaffen ein, um die Zufahrtswege nach China zu blockieren. Kissinger: »Ich weigere mich zu glauben, dass eine viertklassige Macht wie Nordvietnam nicht an irgendeinem Punkt aufgeben muss.«[6] Das Ergebnis war ein Plan mit dem Codenamen »Duck Hook«. Er sah vor:

1. Invasion Nordvietnams;
2. systematische Bombardierung der Deiche des Roten Flusses;
3. vollständige Zerstörung Hanois und Haiphongs;
4. eventueller Atombombeneinsatz.[8]

S. 64 In den Wochen zuvor hatte Nixon **Ho Chi Minh** eine Botschaft übermitteln lassen, in der er seinen Wunsch nach einem gerechten Frieden wiederholt und dies mit einem Ultimatum verbunden hatte: Würde es bis zum 1. November nicht irgendwelche Fortschritte bei

US-Präsident Richard M. Nixon 1969 auf Tour in Südvietnam. 1953 hatte er dort als Vizepräsident französische Truppen besucht.

den Verhandlungen in Paris geben, sei er zu Maßnahmen von großer Tragweite gezwungen. Gleichzeitig ließ er Einzelheiten des Duck Hook-Planes an die Presse durchsickern, um diesem Ultimatum Nachdruck zu verleihen. Und gegenüber einigen Kongressabgeordneten betonte er, er werde nicht der erste US-Präsident sein, »der einen Krieg verliert«. Nixons Ultimatum blieb wirkungslos. Die Nordvietnamesen stimmten zwar geheimen Verhandlungen außerhalb des Rahmens der offiziellen Friedensverhandlungen in Paris zu, blieben aber vom Ultimatum wie auch dem Angebot: Rückzug der amerikanischen und nordvietnamesischen Truppen aus Südvietnam ein Jahr nach Friedensschluss, unbeeindruckt. Hanoi beharrte weiter auf alten Forderungen: Abzug aller amerikanischen Truppen aus Südvietnam und Rücktritt der Thieu-Regierung in Saigon.

Nixon stand ohne Plan da und hätte am liebsten »Duck Hook« in Gang gesetzt. Das war angesichts einer wachsenden **Antikriegsbewegung** S. 94 in den USA nicht möglich. Am 15. Oktober fand der erste »Vietnam-Moratorium-Tag« statt, an dem für ein Ende des Krieges demonstriert wurde. In Boston kamen hunderttausend zusammen, in New York rief Bürgermeister John Lindsay einen Tag der Trauer aus und ließ die Flaggen auf Halbmast setzen; 30 000 kamen am Abend zu einem Schweigemarsch vor dem Weißen Haus zusammen. Vizepräsident Spiro Agnew gab öffentlich die Antwort auf diese Proteste. Er nannte die Kriegsgegner »Eunuchen-Politiker«. Nixon reagierte mit einer geschickt formulierten Rede am Abend des 3. November 1969, in der er die Demonstranten eine lärmende Minderheit nannte, die Zahl der Einberufungen zu reduzieren und die Verluste zu vermindern versprach und eine frühe »Vietnamisierung« des Krieges in Aussicht stellte. Dann appellierte er an die »schweigende Mehrheit« des Landes, die standhalten solle, denn: »Nordvietnam kann die USA weder besiegen noch erniedrigen. Nur die Amerikaner selbst können das.« Zum selben Zeitpunkt sicherten 300 Fallschirmjäger das Weiße Haus.[6]

30. April 1970: »Um den Krieg zu gewinnen, muss man ihn ausweiten.« US-Präsident Richard M. Nixon erläutert den US-südvietnamesischen Angriff auf Kambodscha. Diese »Incursion« führt zu einem Aufruhr in den USA und letztlich zum »Steinzeitkommunismus« mit Millionen Toten in Kambodscha.

Am 15. Dezember kündigte Nixon eine weitere Truppenreduzierung um 50 000 Soldaten bis Ende April 1970 an. Im März 1970 machte er eine weitere Ankündigung, die die wachsende Antikriegsbewegung »wie eine Bombe treffen« sollte: 150 000 Soldaten sollten bis 1971 abgezogen werden – und dies gegen den Rat des Oberbefehlshabers in Südvietnam, General Creighton Abrams. Nordvietnam blieb zur Enttäuschung Nixons von all dem unbeeindruckt. Bei den Verhandlungen in Paris gab es keinerlei Durchbruch. Es schien sogar, dass die Ankündigung der Truppenreduktion in Südvietnam die Nordvietnamesen dazu verleitet hatte, die Gespräche in Paris zu verzögern. Nixon war entschlossen klarzumachen, dass er nach wie vor durch einen massiven Militäreinsatz Frieden erzwingen konnte. Damit sollte dem Feind gezeigt werden, »dass wir unsere Verpflichtung in Vietnam nach wie vor ernst nehmen«.

Nixon war bereit, den Krieg auszuweiten. Der Ort des Geschehens verlagerte sich nach Kambodscha. Prinz Sihanouk hatte es bislang verstanden, sein Land aus dem Konflikt mehr oder weniger herauszuhalten, wohl wissend, dass Nordvietnam über den so genannten Ho Chi Minh-Pfad im Osten seines Landes den Nachschub nach Südvietnam organisierte. Am 18. März wurde Prinz Sihanouk durch den amerikafreundlichen General Lon Nol gestürzt. Ob und inwieweit amerikanische Stellen, möglicherweise die CIA, an diesem Staatsstreich beteiligt waren, ist bis heute ungeklärt. In jedem Fall konnte Lon Nol amerikanischer Unterstützung sicher sein bei seiner Politik, die Nordvietnamesen und die Roten Khmer aus Kambodscha zu vertreiben. Diese Unterstützung kam denn auch postwendend.[43]

Am 30. April 1970 teilte Nixon einer überraschten amerikanischen Öffentlichkeit in einer mit Nachdruck vorgetragenen Fernsehansprache mit, dass amerikanische und südvietnamesische Truppen die Kommunisten in Kambodscha angreifen würden – als Reaktion auf eine nordvietnamesische Aggression. Gleichzeitig betonte er, dass er nicht bereit sei, eine amerikanische Niederlage hinzunehmen und auch nicht, dass »die mächtigste Nation der Welt wie ein bedauernswerter, hilfloser Gigant handelt«, wenn »die Kräfte des Totalitarismus und der Anarchie freie Staaten und Institutionen überall auf der Welt bedrohen«. Es gehe nicht nur um Kambodscha. Wenn man diese Herausforderung nicht bestehe, dann wäre dies ein Signal an alle anderen Nationen, dass die USA in Krisenzeiten scheitern würden. Seinen völlig überraschten Landsleuten machte Nixon klar, dass man »in einem Zeitalter der Anarchie« lebe.

Nixon hatte die Rede selbst geschrieben und erst morgens um 4.15 Uhr an jenem Donnerstag fertig gestellt – und dabei Änderungsvorschläge Kissingers abgelehnt, insbesondere den Satz, in dem er als Ziel die Zerstörung der kommunistischen Nachschubbasen hätte ankündigen sollen. Kissinger war inzwischen zu einem der vehementesten Befürworter der Invasion geworden, die am 1. Mai begann.

Der militärische Erfolg dieser »Incursion«, wie es offiziell hieß, war eher bescheiden. Man tötete zwar 11 000 Kommunisten und zerstörte zahlreiche Basislager, möglicherweise wurde auch zusätzlich Zeit für die Vietnamisierung gewonnen, aber es wurde kein Hauptquartier der Kommunisten gefunden. Die Aktion führte aber zu einem Aufruhr in den USA, den selbst Nixon und Kissinger nicht vorhergesehen hatten. Im Sinne einer möglichen Wende des Krieges war die Invasion ein vollständiger Fehlschlag, Kambodscha allerdings dauerhaft destabilisiert. 1973 begannen die Roten Khmer ihre Schreckensherrschaft; 1975 war auch Lon Nol am Ende. In den fünf Kriegsjahren waren etwa zehn Prozent der sieben Millionen Kambodschaner getötet worden; die Wirtschaft war ruiniert, die Hälfte der Bevölkerung entwurzelt. Aber es sollte dann noch schlimmer kommen: Der Schreckensherrschaft von Pol Pots Steinzeitkommunismus fielen Millionen Kambodschaner zum Opfer.

Im Februar 1971 wurde die »Vietnamisierung« erstmals getestet: Südvietnamesische Truppen überschritten die Grenze nach Laos, um die Verbindung des Ho Chi Minh-Pfades zu zerstören. Diese Operation endete in einem Desaster; 45 % der Südvietnamesen kamen ums Leben, obwohl sie von amerikanischen Truppen in Vietnam durch Artillerie und Luftwaffe unterstützt wurden. Nach sechs Wochen verließen die Südvietnamesen fluchtartig Laos. Kissinger meinte später, das sei ein »wunderbares Projekt auf dem Papier gewesen«, das mit der Wirklichkeit in Vietnam leider nichts zu tun gehabt hätte. Nixon hatte gehofft, dass gleichzeitig mit dem Rückzug der südvietnamesischen Truppen ein weiterer Abzug amerikanischer Truppen hätte stattfinden können. Aber offizielle Meldungen von einem geordneten Abzug waren wenig glaubhaft angesichts von Fernsehbildern, in denen sich südvietnamesische Soldaten an den Kufen von Helikoptern festhielten, um nach Südvietnam zurückzukommen, und einige von ihnen in die Tiefe stürzten, da sie von den mit Fett eingeschmierten Kufen abrutschten.

Fast zur gleichen Zeit fand in Washington ein Kriegsgerichtsverfahren gegen Leutnant William Calley statt. Calleys Einheit hatte im März 1968 in dem vietnamesischen Dorf My Lai ein Massaker angerichtet (die genaue Zahl der Opfer ist nicht bekannt; im Museum von My Lai wird die Zahl 504 genannt); die Tat war von den Militärs zwei Jahre lang vertuscht worden. Calley wurde im März 1971 für schuldig befunden und zu lebenslanger Haft verurteilt, die auf 20 Jahre, später noch einmal auf zehn Jahre herabgesetzt wurde; im November 1974 wurde Calley begnadigt. Calley wurde allgemein als Sündenbock der Militärs gesehen; in der amerikanischen Öffentlichkeit hatte man das, was in My Lai geschehen war, nicht für möglich gehalten, obwohl die Vietnamveteranen in einem eigenen Tribunal gegen Calley feststellten, My Lai sei kein Einzelfall gewesen. Das Vertrauen in die Militärführung wurde damit schwer erschüttert, im Sommer 1971 allerdings auch das Vertrauen in die politische Führung.

Daniel Ellsberg, ein ehemaliger Mitarbeiter der RAND Corporation, spielte der *New York Times* geheime Dokumente zu, die deutlich machten, dass die amerikanische Öffentlichkeit von Kennedy und Johnson irregeführt worden war. Die so genannten »Pentagon Papers« waren auf Anordnung von Verteidigungsminister McNamara zusammengestellt worden. Es waren insgesamt 7000 Seiten in 47 Bänden, in denen das US-Engagement in Vietnam in der Zeit von 1945–1967 untersucht wurde. Ellsberg war einer der 36 Autoren.[32] Am 13. Juni 1971 erschien der erste Artikel in der *New York Times*. Obwohl es darin nicht um Nixon ging, empfahl Kissinger ihm, massiv gegen die Veröffentlichung vorzugehen: »Die Tatsache, dass irgendein Idiot die diplomatischen Geheimnisse seines Landes veröffentlichen kann, zerstört Ihr Image. Es zeigt, dass Sie ein Schwächling sind, Mr. President.«[6] Der Versuch, eine weitere Veröffentlichung der Dokumente zu verhindern, scheiterte allerdings. Am 30. Juni lehnte der Oberste Gerichtshof einen entsprechenden Antrag des Justizministeriums ab.[45]

Im Zusammenhang mit der Veröffentlichung dieser Pentagon Papers wurden die so genannten »Klempner des Weißen Hauses« (*White House Plumbers*) aktiv, um die Demokratische Partei zu zerstören. John Ehrlichmann, ein Berater im Weißen Haus, organisierte einen Einbruch in das Büro von Daniel Ellsbergs Psychiater. Damit begann eine ganze Serie von illegalen Aktionen, die dann im Juni 1972 mit »Watergate« kulminierten und schließlich zum Rücktritt Nixons im August 1974 führten.

Während dieser Zeit ging der Abzug amerikanischer Bodentruppen in Südvietnam weiter. Das war dringend notwendig, da die Moral der Truppen inzwischen das niedrigste Niveau in der Geschichte der amerikanischen Streitkräfte erreicht hatte. In einem Artikel des *Armed Forces Journal* wurde im Juni 1971 vor einem Kollaps der Streitkräfte gewarnt: Befehlsverweigerungen und Desertionen nahmen zu, genauso wie das Töten von Offizieren und Unteroffizieren; *»fragging«* nannte man das im GI-Slang, bei dem *fragmentation handgranates* (Splitterhandgranaten) benutzt wurden, die keine Fingerabdrücke hinterließen. Das begann 1969 mit der Vietnamisierung und erreichte 1970/71 einen Höhepunkt: Die Soldaten wollten ihre *tour of duty*, ihre 365-Tage-Wehrpflicht in Vietnam, schlicht und einfach überleben und hatten kein Verständnis für Offiziere, die besonders »eifrig« waren, nur um befördert zu werden (das nannte man *ticket-punching*). Kurz nach dem sinnlosen »Hamburger Hill«-Kampf bot die GI-Untergrundzeitung *GI-Says* in Vietnam eine Belohnung von $10 000 Kopfgeld für den Offizier, der den Angriff befohlen hatte (er überlebte). Eine andere Untergrundzeitung in Kalifornien gab den Rat, nicht zu desertieren, sondern nach Vietnam zu gehen und den befehlshabenden Offizier zu töten. (»Don't desert. Go to Vietnam and kill your commanding officer.«)

Hatte es in den Jahren zuvor »search and destroy« geheißen, so lautete die Devise jetzt »search and evade«, d. h. versuchen, möglichst jeden Kampf mit dem Gegner zu vermeiden. Die GIs nannten das sehr einprägsam »CYA (cover your ass) and get home«. Immer öfter kam es zu Befehlsverweigerungen. Ein zweites »Hamburger Hill« würde es definitiv nicht mehr geben.[10]

S. 91

Korruption und **Drogen** wurden mehr und mehr ein Thema. Die Truppe war schlicht und einfach am Ende. Eines wurde immer deutlicher: Die Vietnamisierung des Krieges, d. h. das Ende des amerikanischen Engagements, wurde angesichts dieser Entwicklung zur absoluten Notwendigkeit für Washington. Da half es auch wenig, dass ab 1971 anstelle der Wehrpflicht eine Lotterie eingeführt wurde, die zunehmend auch die Söhne wohlhabender Eltern traf und zu einer Zunahme der Antikriegsdemonstrationen an den Universitäten führte.

Bei seinem Amtsantritt hatte Nixon erklärt, er sei bereit, mit den Kommunisten zu verhandeln. Damit waren Moskau *und* Peking gemeint. Bereits im Sommer 1969 hatte er entschieden, die Beziehungen zu Peking zu normalisieren. Sein Sicherheitsberater Henry Kissinger führte vom 9. bis 11. Juli 1971 geheime Vorgespräche in Peking. Anschließend kündigte Nixon seinen Besuch in China an, ein brillanter Schachzug, der nicht nur die amerikanische Öffentlichkeit einigermaßen überraschte. Das Bild von Nixon als einem Mann des Friedens wurde noch verstärkt, als er im Oktober ankündigte, er werde 1972 auch Moskau besuchen. Im selben Monat beschloss die UNO-Vollversammlung in New York den Ausschluss Taiwans aus den Vereinten Nationen und die Aufnahme der Volksrepublik China als einzige legitime Vertretung Chinas bei der UNO mit Sitz im Sicherheitsrat. Seit 1950 war in der UNO jedes Jahr über die Chinafrage abgestimmt worden – jedes Mal hatten die USA durchgesetzt, die Aufnahme Pekings zu vertagen. Jetzt befürworteten auch die USA den Beitritt Chinas. Es war erkennbar, dass von nun an die »Großen Drei« – Washington, Peking, Moskau – wieder ihr Spiel spielen würden, in dem die »kleinen Spieler« – in erster Linie Vietnam – nur störten.

Es war auch erkennbar, dass von nun an Peking und Moskau mehr Druck auf Hanoi ausüben würden, um den Konflikt zu beenden. In

Hanoi ahnte man wohl, was kommen würde, und versuchte, Peking zu beeinflussen, Nixon nicht zu empfangen. Dazu war die chinesische Führung nicht bereit. Angeblich hat Mao dem nordvietnamesischen Ministerpräsidenten Pham Van Dong, der nach Peking geeilt war, folgenden schönen Satz mit auf den Weg gegeben: »So wie unser Besen zu kurz ist, um die Amerikaner aus Taiwan herauszukehren, so ist eurer zu kurz, um das Gleiche in Südvietnam zu erreichen.«[38] Das weckte bei den Nordvietnamesen ungute Erinnerungen an die **Genfer Indochinakonferenz** 1954. S. 72

Mit den spektakulären Ankündigungen, Peking und Moskau zu besuchen, war es Nixon in der zweiten Hälfte 1971 gelungen, Vietnam aus den Schlagzeilen zu bringen. Gleichzeitig stieg aber der Druck der amerikanischen Öffentlichkeit auf ihn, den Krieg zu beenden, also das zu tun, was er seit 1969 jedes Jahr öffentlich verkündet hatte. Die Beendigung des Krieges hieß jetzt in erster Linie Abzug aller amerikanischen Truppen aus Vietnam. Der Kongress verlangte dafür einen festen Termin. Gegen den Rat der Militärs kündigte Nixon daraufhin im Januar 1972 einen weiteren Abzug von 70 000 Soldaten bis Mai an; 69 000 würden dann noch in Vietnam sein (von 549 000 Ende 1968). Dem folgte am 25. Januar ein weiterer brillanter Schachzug, der in erster Linie für die amerikanische Öffentlichkeit gedacht war. Nixon enthüllte in einer überraschend angesetzten Fernsehansprache einen Friedensplan für Vietnam. Gleichzeitig bestätigte er, dass Kissinger bereits seit dem 4. August 1969 in Paris Geheimverhandlungen mit Vertretern Nordvietnams geführt hatte. Kissinger war in den vergangenen Monaten zwölfmal mit Le Duc Tho und Xuan Thuy zusammengetroffen. Der Friedensplan sah unter anderem vor:

- Waffenstillstand in ganz Indochina;
- vollständiger Abzug der amerikanischen Truppen innerhalb von sechs Monaten nach Abschluss eines Waffenstillstandsabkommens;

- Freilassung aller amerikanischen Kriegsgefangenen;
- Wahlen innerhalb von sechs Monaten nach Abschluss des Abkommens;
- Rücktritt des südvietnamesischen Präsidenten Van Thieu;
- Verbleib der Streitkräfte Vietnams, Laos' und Kambodschas innerhalb der eigenen Landesgrenzen.

Letzteres bedeutete im Klartext den Rückzug der nordvietnamesischen Truppen aus Südvietnam. Dieser Plan war bereits am 11. Oktober 1971 den Nordvietnamesen in Paris unterbreitet worden, ohne dass Hanoi reagiert hatte. Nixon warnte jetzt, er hoffe, mit der Veröffentlichung des Plans die Gespräche wieder in Gang zu bringen. Die amerikanische Öffentlichkeit reagierte auf diese Initiative mehrheitlich positiv. In einer Umfrage stieg die Zustimmung zu Nixons Politik auf 52%, während Nordvietnams Unterhändler in Paris, Xuan Thuy, am 27. Januar den Plan als Wahlkampfmanöver zurückwies. Hanoi bestand auf dem eigenen Sieben-Punkte-Plan mit zwei Hauptforderungen: Fester Abzugstermin für die amerikanischen Truppen, Rücktritt Thieus und Bildung einer Koalitionsregierung in Saigon unter Beteiligung der Nationalen Befreiungsfront.

Nixon besuchte China vom 21. bis 28. Februar 1972. Auf dem abschließenden Bankett meinte er, es sei ein Besuch gewesen, »der die Welt verändert hat«, während Kissinger voraussagte, »die Liberalen werden uns anpinkeln« und das Ganze ein »Wahlkampfmanöver« nennen.[6]

Für den 20. Mai war das Gipfeltreffen in Moskau angesagt, am 30. März begannen die Nordvietnamesen ihre groß angelegte Osteroffensive. Guerillakrieg gegen amerikanische Truppen war kein Thema mehr; jetzt wurden 14 Divisionen mit Hunderten von Panzern gegen die südvietnamesische Armee in drei Frontabschnitten eingesetzt: im Norden, im mittleren Hochland und im Nordwesten von Saigon. Die Operation stand unter dem Oberbefehl von General Giap.

Am 1. Mai fiel die Stadt Quang Tri, womit die ganze Nordprovinz verloren war. Die Straße von Hué nach Da Nang, der zweitgrößten Stadt Südvietnams, war mit 150 000 Flüchtlingen verstopft; unter ihnen viele Soldaten der südvietnamesischen Armee, die ihre Uniform einfach weggeworfen hatten. In Saigon stellte der amerikanische Oberbefehlshaber General Abrams fest: »Es sieht so aus, als ob die Sache verloren ist.«

Zu diesem Zeitpunkt befanden sich noch 95 000 US-Soldaten in Südvietnam, von denen aber nur 6000 Kampftruppen waren. Nixons mögliches Desaster war klar: Verlust Südvietnams und Platzen des Gipfeltreffens in Moskau. Man konnte wohl kaum ein Gipfeltreffen abhalten und Breschnew zutoasten, während sowjetische Panzer Hué niederwalzten, wie Kissinger meinte. Man müsse das Treffen absagen, »oder die Russen werden es tun«. Nixon nahm dieses Risiko auf sich und war entschlossen, in Vietnam zurückzuschlagen: »So wie sie diesmal bombardiert werden, sind diese Bastarde noch nie bombardiert worden.« Es ging auch um seine Glaubwürdigkeit: »Falls wir Vietnam verlieren«, so meinte er, »hat niemand mehr Achtung vor dem amerikanischen Präsidenten, weil wir die Mittel hatten und sie nicht eingesetzt haben. Wir müssen glaubwürdig bleiben.«[6] Die Zahl der Flugzeuge in und um Vietnam wurde auf 1000 erhöht, die der B-52 von 80 auf 140; sechs Flugzeugträger in Marsch gesetzt und die Zahl der Luftwaffen- und Marinesoldaten von 47 000 auf 77 000 erhöht. Die Operation »Linebacker I« – Nixon liebte American Football – lief an.

Am 8. Mai gab Nixon den Befehl zur weiteren Eskalation: die Verminung sämtlicher nordvietnamesischer Häfen, um den Nachschub zu blockieren. Gleichzeitig wurden die Luftangriffe weiter verstärkt. Die B-52 verwandelten das Gelände in eine Mondlandschaft; im Mekong-Delta wurden die schwersten B-52-Angriffe des ganzen Krieges geflogen; 98 bis 99 % aller Gebäude zerstört. Über 700 B-52-Angriffe wurden allein im April gegen Nordvietnam geflogen, Hanoi und

Haiphong 48 Stunden rund um die Uhr bombardiert. In einer Fernsehansprache, in der Nixon die Wiederaufnahme des unbeschränkten Luftkrieges und die Verminung der nordvietnamesischen Häfen ankündigte, betonte er, die Aktionen würden bei einem Waffenstillstand und der Auslieferung der Kriegsgefangenen eingestellt. Die USA würden ihre Truppen innerhalb von vier Monaten nach Abschluss eines solchen Abkommens abziehen. Bemerkenswert war – und das zeigte schon den Weg für die weitere Entwicklung: Nixon verzichtete auf einen gegenseitigen Truppenabzug.

Die Sowjets sagten das Gipfeltreffen nicht ab. Und 14 Tage später war Nixon in Moskau, wo er mit Breschnew den SALT I-Vertrag über die Begrenzung der strategischen Rüstung unterzeichnete. Mit dem Sowjetführer war er sich darin einig, dass der Vietnamkrieg weitere Schritte auf dem Weg einer Détente nicht behindern dürfe. Mit anderen Worten: Nixons Verhältnis zu China und der Sowjetunion hatte durch die Ausweitung des Krieges in Vietnam nicht gelitten. Gleichzeitig war das Bemühen Moskaus und Pekings erkennbar geworden, Einfluss auf Hanoi zu nehmen, den Krieg zu beenden. »Endlich haben wir freie Hand, all unsere Waffen einzusetzen, um den Krieg zu beenden«, wie Kissinger gegenüber einem Mitarbeiter meinte.[6] Den Krieg zu beenden, das sei nach wie vor der Schlüssel zu allem, wie er gegenüber dem sowjetischen Botschafter in Washington, Anatoly Dobrynin, formulierte. Ende Juni kündigte Nixon an, dass keine Wehrpflichtigen mehr nach Vietnam geschickt würden, es sei denn, sie würden freiwillig gehen; bis zum 1. September sollten die Truppen um 39 000 Mann reduziert werden.

»Linebacker I« lief vom 10. Mai bis 23. Oktober 1972. Im Gegensatz zu »Rolling Thunder« war diese Operation erfolgreich. Es ging um zwei Ziele: erstens zu verhindern, dass Nordvietnam den Krieg im Zuge der Osteroffensive gewinnen würde, und zweitens Nordvietnam an den Verhandlungstisch zurückzuzwingen. Diese Ziele wurden erreicht, und dies aus vier Gründen:

1. Anders als Johnson nahm Nixon keinerlei Rücksicht mehr auf mögliche Interventionen der Sowjetunion oder Chinas. Von daher hatten die Militärs freie Hand, was, wo und wie sie bombardieren wollten.
2. Die Nordvietnamesen hatten den Guerillakrieg aufgegeben und waren unter massivem Einsatz von Panzern etc. vorgestoßen.
3. Vierzehn Divisionen brauchten 1000 Tonnen Nachschub am Tag, um die Offensive fortsetzen zu können; »Linebacker I« verhinderte das.
4. Erstmals setzten die Amerikaner lasergesteuerte »Smart«-Bomben ein – mit hoher Erfolgsquote.[8]

Südvietnam fiel nicht. Dennoch hatte Hanoi ein wichtiges Ziel erreicht: Die Vietnamisierung würde nicht erfolgreich sein. Die südvietnamesische Armee zählte 150 000 Tote und Verwundete und jeden Monat 20 000 Deserteure. Nordvietnam verlor 100 000 Soldaten. Mehr hatte Hanoi allerdings nicht erreicht. Thieu war nach wie vor Regierungschef, und Nixon war nicht bereit nachzugeben. Auf dieser Basis wurden die Geheimverhandlungen mit Kissinger wieder aufgenommen. Kissinger wollte, wenn möglich, eine Vereinbarung noch vor den Präsidentenwahlen im November, während Nixon keine Eile zeigte. Umfragen hatten ergeben, dass eine Vereinbarung vor den Wahlen nur als politischer Trick interpretiert werden würde.

In den folgenden Wochen und Monaten agierte Kissinger fast allein. Am 11. Oktober erzielten er und Le Duc Tho folgende Vereinbarung:

1. Waffenstillstand in Vietnam (nicht in ganz Indochina),
2. Austausch der Kriegsgefangenen,
3. Abzug der Amerikaner aus Vietnam,
4. Nordvietnam konnte seine Truppen in Südvietnam belassen, durfte aber deren Zahl nicht erhöhen,

5. die Regierung Thieu würde bleiben, aber die Legitimität der Nationalen Befreiungsfront anerkennen und die Möglichkeit einer Koalitionsregierung prüfen.

Mit anderen Worten: In Südvietnam würde es nach einem Waffenstillstand zwei Armeen und zwei Verwaltungen geben. Kissinger hatte dies akzeptiert, ohne Saigon zu fragen; noch gravierender aber war, dass Thieu vor Beginn der Beratungen bereits viermal Nein gesagt hatte, und zwar:

1. keine Anerkennung des Feindes, d. h. keine nordvietnamesischen Truppen in Südvietnam,
2. keine Koalitionsregierung,
3. keine Neutralisierung Südvietnams,
4. keine Aufgabe von Territorium.

Kissinger hatte dies wenig gekümmert. Er verachtete Vietnamesen und Kommunisten gleichermaßen; die Nordvietnamesen waren für ihn lediglich dreckiger Mist, »nothing but filthy shit«. Im Vergleich zu ihnen machten die Sowjets sogar einen guten Eindruck auf ihn. Aber: Kissinger musste mit den Nordvietnamesen verhandeln. Am 11. Oktober wurde das weitere Vorgehen geklärt: Am 23. Oktober würde »Linebacker I« eingestellt, am 24. Oktober Kissinger in Hanoi die Vereinbarung paraphieren. Für Kissinger war dies nach eigener Aussage »der größte Augenblick seines Lebens«, aber er hatte die Rechnung ohne den südvietnamesischen Ministerpräsidenten Thieu gemacht. Der lehnte die Vereinbarung mit den Worten ab: »Das ist nicht das, was wir erwartet hatten.« Insbesondere ging es um zwei Hauptpunkte, nämlich den Verbleib der nordvietnamesischen Truppen in Südvietnam und die Bildung einer Koalitionsregierung in Saigon. Kissinger appellierte an Nixon, massiven Druck auf Thieu auszuüben und alle Hilfe zu stoppen. Nixon wollte allerdings keinen separaten

Friedensvertrag unterzeichnen, der von Thieu abgelehnt würde (keine »shotgun marriage«).

Am 24. Oktober lehnte Thieu öffentlich die Vereinbarung ab und forderte, dass »die Kommunisten im Süden vernichtet werden müssen«. Zwei Tage später veröffentlichte Hanoi den Text der Vereinbarung. Fast in Panik, um zu retten, was zu retten war, berief Kissinger eine Pressekonferenz in Washington ein und verkündete: »Der Friede ist zum Greifen nahe.«[40] Ein Satz, der Kissinger noch lange verfolgen sollte. Die Botschaft war jedenfalls klar: Die USA waren entschlossen, so oder so Vietnam zu verlassen. Für Nixon war ein Sieg bei den Präsidentschaftswahlen entscheidend. Über Kissingers Äußerung war er nicht besonders glücklich, da er selbst nun nichts mehr verkünden konnte. Er wollte seinen »ehrenhaften Frieden« im Wahlkampf noch einmal deutlich machen gegenüber dem Herausforderer der Demokraten, George McGovern, und dessen »Frieden durch Kapitulation«. McGovern konterte: »Lasst euch von diesem Mann nicht noch einmal zum Narren halten.« Das half ihm allerdings auch nichts. Am 7. November wurde Nixon mit überwältigender Mehrheit wiedergewählt.

Inzwischen hatte Ministerpräsident Thieu noch einmal die Bedingungen für einen Frieden genannt, unter anderem die Forderung nach einem Rückzug aller nordvietnamesischen Truppen von südvietnamesischem Gebiet und die Anerkennung der entmilitarisierten Zone als politische Grenze zwischen Nord- und Südvietnam. Darüber hinaus nannte er weitere 67 Einwände. Unter diesen Umständen war es nicht verwunderlich, dass die Gespräche zwischen Kissinger und Le Duc Tho ergebnislos blieben. Kissinger forderte zumindest einen symbolischen Rückzug nordvietnamesischer Truppen und andere Änderungen des Textes. Le Duc Tho beharrte auf der Vereinbarung vom Oktober, trotz der Warnung Kissingers, dass Nixon nicht zögern werde, alle notwendigen Maßnahmen zu ergreifen, um die Interessen der USA zu schützen. Nixon selbst sicherte Thieu bei einem möglichen Bruch des Abkommens durch Hanoi eine »schnelle und entschlossene Reaktion« zu.

Gleichzeitig lief eine massive Militärhilfe an. Die US-Basen wurden an die südvietnamesische Armee übergeben, die ihrerseits ihre Luftwaffe zur viertgrößten der Welt ausbauen konnte. Ein amerikanischer General formulierte dies folgendermaßen: »Wenn wir das den Nordvietnamesen gegeben hätten, könnten sie bis zum Ende des Jahrhunderts kämpfen.« Das änderte nichts an Thieus Haltung: Die Warnung der USA, dass Washington notfalls ohne ihn Frieden schließen werde, wies er auf einer Pressekonferenz als amerikanisches Ultimatum zurück, während Hanoi sich weiterhin weigerte, einer Änderung des Status der entmilitarisierten Zone zuzustimmen.

Am 14. Dezember übergaben die Amerikaner Nordvietnam ein Ultimatum: innerhalb von 72 Stunden zu ernsthaften Gesprächen an den Verhandlungstisch zurückkehren oder die Konsequenzen tragen. Als keine Antwort kam, ordnete Nixon am 18. Dezember die Wiederaufnahme der Bombardierung Nordvietnams nördlich des 20. Breitengrades an. Die Operation »Linebacker II«, jenes berühmt-berüchtigte Weihnachtsbombardement, lief an und dauerte mit eintägiger Unterbrechung am 1. Weihnachtstag bis zum 29. Dezember 1972.[8] In diesen zwölf Tagen wurden mehr Bomben abgeworfen als in den Jahren 1969 bis 1971; um den Schock in Hanoi zu vergrößern, wurden in erster Linie B-52 eingesetzt. Dort wurden Frauen, Kinder und alte Leute evakuiert und Luftschutzbunker vorbereitet. Nixon hatte dem Vorsitzenden der Vereinigten Stabschefs klargemacht: »Ich will nichts mehr davon hören, dass wir dieses oder jenes Ziel nicht treffen können. Dies ist Ihre Chance, den Krieg mit militärischer Gewalt zu gewinnen.« Anschließend trat er wie immer seinen für den 22. Dezember geplanten Weihnachtsurlaub in Florida an.[6]

Inzwischen waren 150 B-52-Bomber in Burma und 60 in Thailand stationierte Bomber im Einsatz. Das Unternehmen erinnerte an die »Mad Man-Theorie«, die Nixon 1969 geäußert hatte. Die öffentliche

Reaktion war sogar in den USA entsprechend: In der *New York Times* war von »Steinzeit-Barbarei« die Rede, die *Washington Post* fragte, ob der Präsident den Verstand verloren habe. Papst Paul VI. sprach von »Bitterkeit und Besorgnis« und hoffte auf ein schnelles Ende des Krieges im »gesegneten« Vietnam. Hanoi und Haiphong wurden durch sowjetische SAM-Abwehrraketen geschützt; in dem »11-Tage-Krieg« wurden damit 15 B-52 und elf andere Flugzeuge abgeschossen; was das bedeutet, wird deutlich, wenn man bedenkt, dass bis zu jenem Zeitpunkt nur eine B-52 abgeschossen worden war. 93 Piloten galten als vermisst, 31 wurden gefangen genommen. Während das Pentagon klarmachte, dass die Luftwaffe solche Verluste nicht länger ertragen könne, wurde deutlich, dass das Unternehmen mit Blick auf Hanoi zumindest ansatzweise Erfolg gehabt hatte, als es dort keine SAM-Raketen mehr gab, Moskau keinen Nachschub lieferte und das Politbüro fürchtete, die B-52 würden als Nächstes die Deiche zerstören. »Linebacker II« sollte auch Thieu davon überzeugen, dass die USA Südvietnam notfalls zu Hilfe kommen würden. In diesem Sinne verlangte der Stellvertreter Kissingers von Thieu, die Vereinbarung vom Oktober zu akzeptieren, falls nicht, werde man mit Nordvietnam alleine eine Vereinbarung aushandeln. Thieu ignorierte auch das und bestand weiter auf einem vollständigen Abzug der nordvietnamesischen Truppen aus Südvietnam. Nixon und Kissinger entschieden, notfalls ohne Thieu mit Nordvietnam abzuschließen.

Am 26. Dezember flogen die Amerikaner die schwersten Angriffe. An jenem Abend erklärte Hanoi seine Bereitschaft, die Gespräche in Paris am 8. Januar wieder aufzunehmen. Kissinger und Le Duc Tho einigten sich am 9. Januar auf eine Vereinbarung, die fast identisch mit jener vom Oktober / November war. Es gab lediglich kosmetische Änderungen – so waren die Nordvietnamesen bereit, die Formulierung mit Blick auf die entmilitarisierte Zone etwas zu ändern, aber entscheidend war, dass nordvietnamesische Truppen weiter in Südvietnam bleiben würden. Auf Thieu wurde jetzt keine Rücksicht mehr genommen. Nixon warnte ihn am 21. Januar, dass er die Vereinbarung notfalls ohne ihn unterzeichnen werde. Bei Zustimmung versprach er allerdings Milliarden von Dollars an Militär- und Wirtschaftshilfe und erneut die Möglichkeit einer Wiederaufnahme der Bombenangriffe bei einem Angriff aus dem Norden.

Am 22. Januar gab Thieu nach, am 23. Januar, drei Tage nach der Inauguration Nixons, paraphierten Kissinger und Le Duc Tho in Paris das »Abkommen über die Beendigung des Krieges und die Wiederherstellung des Friedens in Vietnam«. Am 27. Januar unterzeichneten US-Außenminister William P. Rogers und sein nordvietnamesischer Kollege Nguyen Thuy Trinh das Abkommen. Die Außenminister Südvietnams und der Provisorischen Revolutionsregierung – so der Titel, den die Nationale Befreiungsfront 1969 angenommen hatte – weigerten sich, diese Exemplare auch zu unterschreiben. Für sie wurden zwei weitere Exemplare des Abkommens angefertigt. Um Mitternacht konnte der Waffenstillstand in Kraft treten. Der Krieg war zu Ende oder besser: Für die Amerikaner war der Krieg zu Ende.[33,40,41]

Das Ende

Das am 27. Januar 1973 in Paris unterzeichnete Abkommen war das Papier nicht wert, auf dem es geschrieben war. Das norwegische Nobel-Komitee sah das offensichtlich anders und verlieh Le Duc Tho und Kissinger mit 3:2 Stimmen den Friedensnobelpreis. Le Duc Tho lehnte mit dem Hinweis ab, es sei noch kein Friede in Südvietnam, während Kissinger annahm. In Washington war man einigermaßen erstaunt über die Norweger. »Entweder wissen sie nicht, was wirklich gelaufen ist, oder sie haben Sinn für Humor«, meinte der ehemalige US-Botschafter in Japan, Edwin O. Reischauer.[6] (Immerhin übergab Kissinger das Geld einer Stiftung, die sich um die Kinder gefallener US-Soldaten kümmerte. 1975, nach dem Fall von Saigon, wollte er die Medaille zurückgeben – das Komitee lehnte ab.) Die einzigen, die sich an das in Paris geschlossene Abkommen hielten, waren die USA: Am 29. März 1973 verließ der letzte GI Südvietnam. General Frederick C. Weyand, der letzte Kommandeur der amerikanischen Truppen, verkündete das Ende des Military Assistant Command, Vietnam. Dann fuhr er zurück in die USA. Zwei Tage zuvor hatte Nordvietnam 591 amerikanische Kriegsgefangene freigelassen. Für die Amerikaner war der Krieg vorbei, für die Vietnamesen ging er unvermindert weiter.

1973 und 1974 wurden 76500 südvietnamesische Soldaten getötet – die größte Zahl für zwei Jahre während des gesamten Krieges (für Nordvietnam etwa 100 000). 1973 ging auch der Krieg in Kambodscha weiter. Bis zum 15. August 1973, als der US-Kongress die Mittel strich, wurden weiterhin Angriffe geflogen und insgesamt 250 000 Tonnen Bomben abgeworfen, das waren mehr als im ganzen Krieg gegen Japan.[3] Inzwischen war Nixon in den Strudel der Watergate-Affäre geraten und praktisch handlungsunfähig. Am 7. November 1973 beschloss der Kongress den War Powers Act. Damit wurde jedem Präsidenten in Zukunft eine militärische Intervention im Ausland erschwert. Der Kongress muss demnach innerhalb von 48 Stunden informiert, Truppen nach 60 Tagen zurückgezogen werden, falls der Kongress nicht zustimmt. Im April 1974 lehnte der Kongress zusätzliche Militärhilfe für Südvietnam ab, am 9. August 1974 trat Richard Nixon als bisher einziger Präsident der USA von seinem Amt zurück. »Watergate« hatte ihn und seine Politik ruiniert.

Nicht nur militärisch, auch wirtschaftlich verschlechterte sich die Lage in Südvietnam nach dem Abzug der Amerikaner geradezu dramatisch. Von 1966 bis 1972 hatten die USA zwei Mrd. Dollar in die südvietnamesische Wirtschaft gepumpt und allein 300 000 Menschen Arbeit verschafft. Dies alles fiel jetzt über Nacht weg. Die Inflation im Süden stieg auf 65 %, die Arbeitslosigkeit auf nahezu 40 %. Reis wurde fast unbezahlbar; was die Soldaten im Monat verdienten, reichte gerade für eine Woche zum Leben. Bei einer Bevölkerung von 18 Millionen gab es zehn Millionen Flüchtlinge![7]

29. April 1975: In der Gia Long Street 22, einen Kilometer von der US-Botschaft in Saigon entfernt. Das chaotische Ende in Südvietnam. Ein CIA-Mitarbeiter hilft vietnamesischen Flüchtlingen in einen Hubschrauber der CIA-»Air America«. Am nächsten Tag kapituliert Saigon.

In dieser Situation begann Nordvietnam im März 1975 die »Ho Chi Minh-Offensive« gegen das Regime im Süden, das nach 55 Tagen zusammenbrach. Am 20. April war Thieu zurückgetreten, sein Nachfolger Duong Van Minh (der einstige »Big Minh«) gab am 30. April die bedingungslose Kapitulation bekannt. US-Botschafter Graham Martin hatte viel zu lange mit der Evakuierung gewartet. Die Bilder von der chaotischen Rettung der eigenen Leute – und immerhin auch 51 000 Vietnamesen! – gingen damals um die Welt. Bereits am 23. April hatte US-Präsident Gerald Ford in New Orleans vor 5000 Menschen in der Tulane University den Krieg in Vietnam für beendet erklärt, »soweit er Amerika betrifft«. Anfang 1973, nach Unterzeichnung des Abkommens, war Kissinger gefragt worden, wie lange sich Saigon wohl halten könne. Seine Antwort: »Ich glaube, wenn sie Glück haben, anderthalb Jahre.«[38]

Mit Südvietnam fiel der erste Dominostein, der zweite war Kambodscha, der dritte Laos. Außerhalb Indochinas fielen keine Dominos. Die Kommunisten übernahmen die Herrschaft in Südvietnam.

Saigon wurde in Ho Chi Minh-Stadt umbenannt (was von der Bevölkerung nie wirklich akzeptiert wurde; für sie blieb Saigon Saigon). 400 000 Südvietnamesen wurden bis zu zehn Jahre in »Arbeits- und Umerziehungslager« gesteckt. Es gab insgesamt 1,4 Millionen Kriegsversehrte und eine halbe Million Vollwaisen. In den folgenden Jahren flüchteten rd. 1,4 Millionen Südvietnamesen.[3] Unter anderem waren dies die so genannten »Boat People«, von denen während der ersten Fluchtwelle 50 000 ihr Leben verloren, aber 57 000 ein neues Leben in den USA begannen.[12]

Als Saigon kapitulierte, liefen in den USA die Vorbereitungen zur 200-Jahr-Feier des Landes. Vietnam fiel zunächst einem kollektiven Vergessen anheim. Die Debatte »Wer hat Vietnam verloren?« wurde erst später geführt.

Fazit

Was waren die Gründe für das Scheitern in Vietnam? Für die Militärs, vor allem für General Westmoreland, wurde der Krieg unter Johnson verloren. Damals habe man die Mittel, die man zur Verfügung hatte, nicht richtig eingesetzt. Man sprach von einem *limited all-out war*, einem begrenzten totalen Krieg – von politischer Seite immer mit Blick auf eine mögliche Intervention Chinas und der Sowjetunion – und ein Widerspruch in sich selbst. Dann ging es um eine falsche Taktik. Der Krieg war anders als jener im Zweiten Weltkrieg oder in Korea; das beste Beispiel dafür war die erfolglose Operation »Rolling Thunder«; verdeckte Operationen hätten die Antwort sein sollen oder können. Die Kritik der Militärs kam allerdings reichlich spät.

Die Militärs machten darüber hinaus die Zivilisten verantwortlich, und da wiederum das Zerbrechen des innenpolitischen Konsenses in den USA – und natürlich die Medien. Da war es denn nicht mehr weit bis zur »Dolchstoßlegende«. Jedenfalls schränkten die Militärs in späteren Konflikten die Medienberichterstattung massiv ein. Wenn

Johnson von der eigenen Sache wirklich überzeugt gewesen wäre, dann hätte eine Kriegserklärung sicherlich die Nation hinter die politische und militärische Führung gebracht.

Dann muss man auf Südvietnam als einen schwachen Alliierten verweisen. Was den USA in Korea gelang – *Nationbuilding* im Süden des Landes –, war mit der korrupten Führungsclique in Südvietnam nicht machbar – weder mit Diem noch mit dessen Nachfolgern. Von Anfang an war die Amerikanisierung des Krieges ein schwerer Fehler; man hätte das südvietnamesische Militär von Anfang an stärker in die Operation einbinden müssen. Zu keinem Zeitpunkt wurde dem einfachen GI und der Öffentlichkeit die Frage beantwortet, warum man überhaupt in Südvietnam war und Opfer brachte. Den Nordvietnamesen hatte diese Frage General Giap mit Blick auf die Franzosen schon 1946 beantwortet.

Etwa 2,7 Millionen Amerikaner waren während des Vietnamkrieges als Soldaten in Vietnam, davon 1,6 Millionen im Kampfeinsatz. Es

Links: Das 1982 mit privaten Spenden errichtete Vietnam Veterans Memorial in Washington, D. C. Der Entwurf stammt von der 21-jährigen Yale-Architekturstudentin Maya Lin. Die Namen der 58 135 in Vietnam gefallenen US-Soldaten sind in die schwarze Granitwand eingemeißelt.

Rechts: Die Statuen von drei Soldaten, die 1984 dem Vietnam Veterans Memorial in Washington, D. C., hinzugefügt wurden.

gab Wehrpflicht, aber das System war höchst ungerecht: Wer die finanziellen Mittel hatte, konnte sich dem Militärdienst in Vietnam (durch Studium etc.) entziehen. Von jenen, die ihren Wehrdienst ableisteten und in Vietnam kämpften und starben, waren unverhältnismäßig viele arm, mit schlechter Schulbildung und schwarz. Es war eine Armee von Teenagern – mehr als 60 % starben im Alter von 18 bis 21 Jahren, das Durchschnittsalter der Truppe war 19. Jeder Soldat wurde von einem Tag auf den anderen aus einem mehr oder weniger geordneten Leben in der Heimat in den Dschungel von Südvietnam katapultiert und mit einer ihm völlig fremden Welt konfrontiert. Da halfen in der Regel nur **Drogen**. Immerhin hatten viele dem Präsidenten vertraut und glaubten, dem Vaterland zu dienen – auch wenn man das manchmal nicht verstand. Wenn man Glück hatte, überlebte man die »tour of duty«, den berühmten 365-Tage-Dienst, und wurde in die Heimat zurückgeflogen, wo es bei der Ankunft keine Siegesparaden gab, aber man nicht selten bespuckt und als *baby-*

S. 91

killer beschimpft wurde. Bezeichnend für viele ist jene Episode, als ein Vietnamveteran, der einen Arm verloren hatte, gefragt wurde, wo er ihn verloren habe. Auf seine Antwort »in Vietnam« bekam er zu hören: »Das geschieht dir recht.«

In der Heimat fanden sich viele im Zivilleben nicht mehr zurecht. 500 000–800 000 von ihnen litten und leiden unter einem posttraumatischen Stresssyndrom.[7] Anfang der neunziger Jahre waren von den etwa 750 000 Obdachlosen in den USA ein Viertel bis ein Drittel Vietnamveteranen. Angeblich haben mehr Veteranen Selbstmord begangen, als Soldaten im Krieg gefallen waren.[7] Mit privaten Spenden wurde 1982 das eindrucksvolle Vietnam Veterans Memorial in Washington, D. C., errichtet. Mit zwei Millionen pro Jahr verzeichnet es mehr Besucher als jede andere öffentliche Einrichtung oder Museum in Washington – wohl auch ein Zeichen des nach wie vor vorhandenen Vietnam-Traumas.

Offensichtlich um das abzubauen, verteilte das Pentagon nach der Invasion von Grenada 1983 an 6000 Soldaten, die in Grenada mit dabei gewesen waren, 8700 Orden! Zweifel blieben dennoch, auch wenn US-Präsident Ronald Reagan den Krieg öffentlich als »in truth a noble war« bezeichnete. Das war er in der Art der Führung zu keinem Zeitpunkt, auch wenn Historiker ihn inzwischen als typischen Stellvertreterkrieg der Supermächte in den größeren Zusammenhang des Kalten Krieges stellen.

War der Vietnamkrieg demnach nur eine »Episode«, eine verlorene Schlacht in einem Krieg, der letztlich gewonnen wurde? Hat am Ende gar Walt Rostow Recht? Der Nationale Sicherheitsberater Kennedys und Johnsons, der Kennedy 1961 den Rat gab, Truppen nach Vietnam zu entsenden, vertrat die These, dass trotz der amerikanischen Niederlage – er selbst sprach nur vom Abzug aus Vietnam – die Strategie aufgegangen sei: Das amerikanische Engagement habe den im Sinne der Dominotheorie gefährdeten umliegenden Staaten die notwendige Atempause für eine Entwicklung geboten, die verhindert habe, dass sie nach dem Sieg der vietnamesischen Kommunisten wie Dominosteine umfielen. Vietnam war demnach letztlich der Preis, den Amerika dafür zahlte, das Arsenal der Demokratie, der *beacon of freedom*, zu sein. Wie dem auch sei: der Vietnamkrieg wurde zu einem traumatischen Ereignis und bewegt immer noch die Gemüter der Amerikaner. Oder war alles nur jener »furchtbare Irrtum«, als den Robert McNamara 1995 den Krieg in seinen Erinnerungen bezeichnete?[42] Wie auch immer man ihn nennen mag: Es half jenen, die ihn erlitten und mit dem Leben bezahlt hatten, nicht mehr.

Vietnam ist bis heute eines der ärmsten Länder der Welt geblieben. Gerald Ford verhängte 1975 ein Handelsembargo über das Land. Anhaltende Grenzzwischenfälle mit Kambodscha führten im Dezember 1978 zum Einmarsch der Vietnamesen in Pnom Penh, wo das Schreckensregime Pol Pots beendet wurde. Und mit dem ehemaligen Verbündeten China gab es wenig später einen Grenzkrieg. 1991 zogen sich die Vietnamesen nach einem unter Vermittlung der UNO geschlossenen Waffenstillstand endgültig aus Kambodscha zurück. Drei Jahre später hob US-Präsident Bill Clinton das amerikanische Wirtschaftsembargo auf, 1995 nahmen beide Länder diplomatische Beziehungen auf. Der erste US-Botschafter war 1997 Douglas »Pete« Peterson, der als ehemaliger Kriegsgefangener Jahre im notorischen »Hanoi Hilton« verbracht hatte.

VERTIEFUNGEN

Ho Chi Minh

Ho Chi Minh war der charismatische Führer der Vietnamesen, der »Bringer des Lichts« oder »Der nach der Erleuchtung strebt«, wie sein Name in der Übersetzung heißt. Er wurde 1890 als Sohn eines mittleren Beamten geboren; von Saigon aus verließ er 1911 auf der »Admiral Latouche Tréville« Vietnam in Richtung Frankreich. Erst 30 Jahre später kehrte er zurück. Ho hat kein Tagebuch geführt, sich auch nicht wie etwa Mao Tse-tung gegenüber Edgar Snow geäußert; von daher umgeben ihn bis heute viele Mythen. Er sei in den Westen gegangen, um vom Westen zu lernen, wie man den Westen bekämpft, hat er später einem Freund erzählt. 1913 ging Ho in die USA, nach Boston, dann nach San Francisco und Brooklyn / New York, wo er als Arbeiter lebte. 1914 war er in London, wo er im Carlton Hotel arbeitete.

Bei Kriegsbeginn ging er nach Paris, wo er einen neuen Namen annahm: Nguyen Ai Quoc (*Nguyen* = Der Patriot). Damals kämpften 100 000 Vietnamesen in der französischen Armee. Ho selbst schrieb ein Theaterstück *Der Bambusdrachen*, sogar Artikel für die Filmzeitschrift *Cinegraph*. Er führte eine Art Doppelleben: Als Schriftsteller setzte er sich bei Raymond Poincaré für die Reinheit der französischen Sprache ein; als Revolutionär in Schreiben an US-Präsident Woodrow Wilson für demokratische Freiheiten und Reformen in Vietnam – erwähnte aber noch nicht die Unabhängigkeit.[12] Er selbst traf Wilson nicht, dafür aber wurden Sozialisten wie Léon Blum auf ihn aufmerksam und luden ihn als »Vertreter Indochinas« zu ihrem Kongress in Tours im Dezember 1920 ein. Für Ho war das eine Art Wendepunkt, als er an die Delegierten appellierte: »Im Namen der gesamten Menschheit, im Namen aller Sozialisten, Rechte wie Linke, wir appellieren an Euch, Genossen: Rettet uns!« Ho wechselte dann zu

Alle Jahre wieder am 3. Februar in Vietnam (hier 1993): Plakate, die an die Gründung der Kommunistischen Partei am 3. Februar 1930 erinnern. Der Text lautet: »Die Gründung der siegreichen Kommunistischen Partei Vietnams.«

den französischen Kommunisten und wurde Mitbegründer der kommunistischen Partei; er hoffte auf die Stärke der Sowjetunion. Später meinte er einmal, es sei Patriotismus, nicht der Kommunismus gewesen, der ihn getrieben habe. Er schrieb damals auch für das kommunistische Blatt *L'Humanité* und gab selbst die Zeitschrift *Les Paria* heraus, die für afrikanische und asiatische Nationalisten gedacht war; diese Zeitschrift wurde dann nach Vietnam geschmuggelt.

1924 war Ho in Moskau, traf unter anderem Stalin und Trotzki und musste deren Desinteresse an Vietnam feststellen. Die sowjetische Analyse war einfach: Die Vietnamesen seien nicht organisiert, die Massen politisch unreif. Noch im gleichen Jahr ging Ho nach Kanton und wurde Dolmetscher des sowjetischen Beraters Michail Borodin. 1925 gründete er dort die »Liga der vietnamesischen Jugend«, die zur Keimzelle der kommunistischen Bewegung werden sollte. 1927, als Tschiang Kai-schek die chinesischen Kommunisten niederschlug, flüchtete er nach Moskau und anschließend quer durch Europa. 1928 konnte man ihn in Bangkok treffen, den Kopf kahl geschoren. Er ging als Mönch nach Siam, wo damals viele Vietnamesen lebten, gründete dort eine Schule und gab eine Zeitung heraus.

1929 war er dann in Hongkong, wo er am 3. Februar 1930 in Kowloon die Kommunistische Partei Vietnams gründete (die acht Monate später in Kommunistische Partei Indochinas umbenannt wurde). Im Jahr darauf wurde er in Hongkong verhaftet; ein britischer Arzt diagnostizierte Tuberkulose und schickte ihn in ein Sanatorium nach Großbritannien. Da er illegal ausreiste, wurde er in Singapur vom Schiff geholt und nach Hongkong zurückgebracht. Dort landete er in einem Gefängnishospital, aus dem er flüchtete. Eine Krankenhausangestellte stellte zuvor allerdings einen Totenschein aus, woraufhin in allen Zeitungen seine Todesanzeige veröffentlicht wurde. Die Franzosen schlossen seine Akte mit dem Stempelaufdruck: »Gestorben im Gefängnis in Hongkong.«[4,34]

1941 war Ho zurück in Vietnam, wo er im Mai die Vietnamesische Unabhängigkeitsfront gründete, die bald nur noch Vietminh hieß. Es war dies die nationale Organisation unter kommunistischer Führung gegen Japan und gegen Vichy-Frankreich. Von dieser Bewegung Viet Nam Doc Lap Dong Minh leitete Ho seinen neuen Namen ab. Ein sieben Mann starkes OSS-Team mit dem Codenamen »Deer Mission« sprang am 16. Juli 1945 mit Fallschirmen und Waffen für 100 Mann in Nordvietnam ab und stieß dort auf Ho Chi Minh, der nach Aussage eines Amerikaners »ein Haufen Knochen, überzogen mit trockener, gelber Haut« und schwer krank war. Ho wurde vom Arzt des Teams, Paul Hoagland, gegen Malaria und Ruhr behandelt; wahrscheinlich retteten ihm die Amerikaner damals das Leben. Obwohl die Franzosen Ho den Amerikanern zuvor als »furchtlos, hinterlistig, clever, mächtig, verräterisch, rücksichtslos und tödlich« beschrieben hatten, trafen diese hier auf einen »furchtbar netten Kerl« und ernannten ihn angeblich sogar zum OSS-Agenten Nr. 19. Der Chef der »Deer Mis-

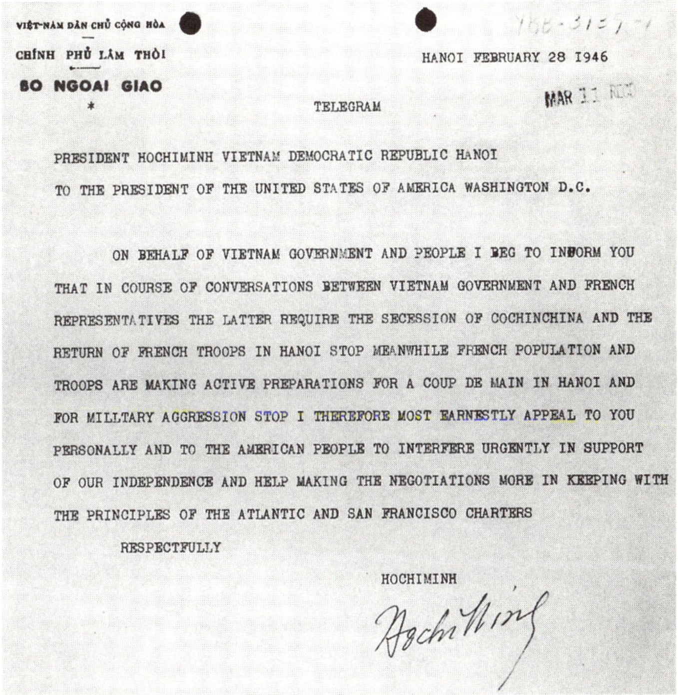

VIỆT-NAM DÂN CHỦ CỘNG HÒA
CHÍNH PHỦ LÂM THỜI
BO NGOAI GIAO
*

YBB-3135-1

HANOI FEBRUARY 28 1946

MAR 11 RECD

TELEGRAM

PRESIDENT HOCHIMINH VIETNAM DEMOCRATIC REPUBLIC HANOI

TO THE PRESIDENT OF THE UNITED STATES OF AMERICA WASHINGTON D.C.

ON BEHALF OF VIETNAM GOVERNMENT AND PEOPLE I BEG TO INFORM YOU THAT IN COURSE OF CONVERSATIONS BETWEEN VIETNAM GOVERNMENT AND FRENCH REPRESENTATIVES THE LATTER REQUIRE THE SECESSION OF COCHINCHINA AND THE RETURN OF FRENCH TROOPS IN HANOI STOP MEANWHILE FRENCH POPULATION AND TROOPS ARE MAKING ACTIVE PREPARATIONS FOR A COUP DE MAIN IN HANOI AND FOR MILLTARY AGGRESSION STOP I THEREFORE MOST EARNESTLY APPEAL TO YOU PERSONALLY AND TO THE AMERICAN PEOPLE TO INTERFERE URGENTLY IN SUPPORT OF OUR INDEPENDENCE AND HELP MAKING THE NEGOTIATIONS MORE IN KEEPING WITH THE PRINCIPLES OF THE ATLANTIC AND SAN FRANCISCO CHARTERS

RESPECTFULLY

HOCHIMINH

Hochiminh

28. Februar 1946: Eines von mehreren Telegrammen Ho Chi Minhs an US-Präsident Harry S. Truman. Auch dies bleibt wie die übrigen unbeantwortet.

sion«, Major Allison Kent Thomas, meldete nach Washington: »Vergesst die Kommunisten! Die Vietminh sind keine Kommunisten. Sie wollen die Freiheit und ein Ende der französischen Herrschaft.«[17] Am Tag vor seiner Abreise fragte Thomas Ho, ob er Kommunist sei. Ho antwortete: »Ja, aber wir können trotzdem Freunde sein.«[8]

In Begleitung von OSS-Offizieren betrat Ho am 19. August Hanoi und übernahm dort die Macht. Als er am 2. September 1945 auf dem Ba Dinh-Platz in Hanoi die Unabhängigkeit Vietnams ausrief, war dies mit massiver Hilfe der Amerikaner geschehen; u. a. war es Major

Ho Chi Minh stirbt am 2. September 1969. Er hat sich gewünscht, dass seine Asche im Norden, in der Mitte und im Süden Vietnams verstreut werden soll. Die Parteiführung lässt ihn stattdessen einbalsamieren und errichtet ein gigantisches Mausoleum.

Archimedes Patti, der von Ho beeindruckt war und ihn veranlasste, auf amerikanische Hilfe zu setzen – was bereits in der Unabhängigkeitserklärung deutlich wurde. Als im Herbst 1945 200 000 Chinesen Tschiang Kai-scheks über das Land herfielen, um die Japaner zu entwaffnen und gleichzeitig die Vietminh mit Gewalt von ihren kommunistischen Führern zu säubern, löste Ho im November überraschend die kommunistische Partei auf. Er begründete dies folgendermaßen:

> »Wir sind stets bereit, für die nationale Befreiung die größten Opfer zu bringen, stellen das Interesse des Landes aber stets über das der Klassen und geben die Interessen der Partei auf, um dem vietnamesischen Volk zu dienen.«

Die Vereinbarung mit Frankreich vom 6. März 1946 brachte er seinen Genossen mit folgender Begründung näher:

> »Wisst ihr, was es bedeutet, wenn die Chinesen bleiben? Beim letzten Mal sind sie 1000 Jahre geblieben. Die Franzosen sind Auslän-

der. Sie sind schwach. Der Kolonialismus geht zu Ende. Der Weiße Mann ist erledigt in Asien. Aber wenn die Chinesen jetzt bleiben, werden sie nie mehr gehen. Ich will lieber die nächsten fünf Jahre französische ›merde‹ riechen als chinesische ›merde‹ essen für den Rest meines Lebens.«[4]

Als Ho in Frankreich Einzelheiten der Vereinbarung vom März aushandeln wollte, wurde er von den Franzosen monatelang hingehalten und zahlreichen Demütigungen ausgesetzt. Für die Gespräche in Fontainebleau wurden nur zweitrangige Vertreter Frankreichs abgestellt. Man verhandelte acht Wochen ohne Ergebnis, während in Vietnam Fakten geschaffen wurden: Hochkommissar d'Argenlieu rief die Republik Cochinchina im Süden Vietnams aus. Ho wollte den Krieg vermeiden und suchte irgendeinen Kompromiss – auf keinen Fall wollte er mit völlig leeren Händen nach Vietnam zurückkehren. Während seine Delegation abreiste, blieb er und weckte in seiner Verzweiflung den französischen Kolonialminister Marius Moutet, der ihn Monate vorher am Flughafen begrüßt hatte, mitten in der Nacht, um am 14. September 1946 einen Modus vivendi auszuhandeln: Das Märzabkommen wurde im Prinzip bestätigt und die Franzosen machten neue wirtschaftliche Zugeständnisse im Norden. Dafür wollten sie die demokratischen Rechte in Cochinchina schützen. Das war alles! Es gab kein Datum für ein Referendum, nichts, um die Beziehung der Demokratischen Republik Vietnam innerhalb der Französischen Union zu definieren. Ho sagte damals zu einem Leibwächter: »Ich habe gerade mein Todesurteil unterschrieben.«[4]

Auf Druck der Chinesen und Sowjets akzeptierte Ho 1954 die vorübergehende Teilung des Landes; die Republik Südvietnam unter Ngo Dinh Diem nannte er einen historischen Irrtum, denn »Vietnam ist *ein* Land, und wir sind ein Volk mit einer 4000 Jahre alten Geschichte«.[13]

In den Jahren des amerikanischen Engagements wurde Ho zu einer charismatischen Führungsfigur, der es gelang, seinem Volk fast alles abzuverlangen. Im Westen wurde er als »Onkel Ho« in der linken Studentenbewegung zur Symbolfigur und zum Idol – gegen den »US-Imperialismus«. Ho starb am 2. September 1969 – nach offizieller Parteidialektik allerdings erst am 3. September, da Ho an einem 2. September die Unabhängigkeit des Landes ausgerufen hatte. An diesem Tag durfte er nicht sterben! Gegen seinen Willen wurde seine Asche nicht im Norden, Süden und mittleren Vietnam verstreut, sondern er wurde einbalsamiert und liegt zur Besichtigung im Mausoleum in Hanoi – jahrzehntelang das angeblich einzige Gebäude in Vietnam, in dem die Klimaanlage funktionierte.

Dien Bien Phu

In Dien Bien Phu, einem unscheinbaren Ort im Nordwesten Vietnams an der Grenze zu Laos, umgeben von Hügeln, sollte die Entscheidungsschlacht gegen die Vietminh geführt werden. Oberbefehlshaber war Colonel Christian Marie Ferdinand de La Croix de Castries. Die Operation «Castor» begann Ende November 1953, als die ersten 2200 Soldaten mit Fallschirmen absprangen (für die meisten war dies der erste Absprung überhaupt). Es wurden weiträumige Außenposten errichtet: Béatrice, Gabrielle, Anne-Marie, Dominique, Huguette, Françoise, Elaine und Isabelle (angeblich die Namen der Geliebten von de Castries).

In Dien Bien Phu lieferte General Giap sein Meisterstück – mit chinesischer Hilfe. Er brachte Artillerie in Stellung, was die Franzosen für unmöglich gehalten hatten. Auf deren Flugblättern hieß es: »Worauf wartet ihr? Warum greift ihr nicht an, wenn ihr keine Feiglinge seid? Wir warten auf euch.« Am 13. März 1954 begann der Angriff. Giap hatte zu diesem Zeitpunkt etwa 50 000 Mann Kampftruppen herangeführt, mit 23 000 Mann Hilfstruppen und weiteren 23 000 Soldaten, die die Hauptverbindungslinie zur chinesischen Grenze offen hielten. Die Franzosen hatten etwa 11 000 Soldaten im Tal, darunter viele Fremdenlegionäre; ein Drittel der Truppe waren Vietnamesen.

Ein zentrales Ereignis in der Geschichte Vietnams ist die siegreiche Schlacht gegen die Franzosen bei Dien Bien Phu, die das Ende der französischen Kolonialherrschaft bedeutete. Entsprechend groß ist das Museum in Hanoi, wo dem Besucher die Ereignisse in mehreren Sprachen erläutert werden. Hier das entsprechende Schild am Eingang des Museums. Der Text lautet: »Frühjahr 1954 / Entschlossen zum Kampf. / Entschlossen zum Sieg. / Soldaten von Dien Bien Phu.«

Nach schweren Kämpfen fielen die Außenposten Béatrice und Gabrielle. Dien Bien Phu beherrschte die Schlagzeilen der Weltpresse. In den USA beteten Schulkinder für den Sieg der Franzosen gegen die Atheisten. Am 20. März war der französische Generalstabschef Paul Ely in Washington und bat um Hilfe. Würden die USA eingreifen? Der Vorsitzende der Vereinigten Stabschefs, Admiral Arthur Radford, war dazu bereit und wollte in der Operation »Vulture« 60 B-29-Bomber, Jagdflugzeuge der 7. US-Flotte und sogar taktische Atombomben einsetzen. Nathan Twining, der Chef der Luftwaffe, stimmte zu, während der Chef der Armee, General Matthew Ridgway, anderer Meinung war. Er erinnerte an Korea. Seiner Meinung nach brauchte man Bodentruppen, und zwar sieben Divisionen plus Atombomben, zwölf Divisionen, falls China eingreifen sollte. Das war für ihn ein »falscher

Krieg am falschen Platz«. Die übrigen Stabschefs sahen das ähnlich: »In Indochina gibt es keine entscheidenden militärischen Ziele; das Engagement wäre eine schwerwiegende Verzettelung des amerikanischen Potentials.«[4,14,15]

Präsident Eisenhower wollte, wenn überhaupt, zunächst die Zustimmung des Kongresses und Großbritanniens. Nur bei einer *united action* mit London wäre er möglicherweise bereit gewesen, über eine Intervention nachzudenken. Die britische Regierung lehnte jedoch am 25. April 1954 ab. Außenminister Anthony Eden telegraphierte an Außenminister Dulles: »Niemand von uns in London glaubt, dass eine Intervention in Indochina irgendetwas bringt.« Und Premierminister Churchill fasste die Stimmung in London folgendermaßen zusammen:

> »Es ist nicht ratsam, Truppen einzusetzen, um die Lage im Dschungel in die Hand zu bekommen. Außerdem begreife ich nicht, warum wir für Frankreich in Indochina kämpfen sollen, wenn wir selber Indien aufgegeben haben. Ich hätte mit dem größten Vergnügen für England um Indien gekämpft. Malaysia kann, denke ich, auch gehalten werden, wenn Indochina verloren geht.«[44]

Am 7. Mai 1954 kapitulierten die Franzosen in Dien Bien Phu. Der Kampf hatte 56 Tage gedauert. 8000 Gefangene wurden auf einen 800 Kilometer langen Marsch in die Gefangenenlager geschickt; nur etwa die Hälfte überlebte. In Paris verkündete Ministerpräsident Joseph Laniel, schwarz gekleidet, die Nachricht in der Nationalversammlung.

Die Genfer Indochinakonferenz

Zu diesem Zeitpunkt tagte bereits die Genfer Außenministerkonferenz, um eine Lösung für Korea zu finden. Dies gelang nicht. Anschließend stand Indochina auf der Tagesordnung. Vertreten waren Frankreich, die Sowjetunion, China, Großbritannien, Laos, Kambodscha,

Nord- und Südvietnam; die USA nur als Beobachter. Wie die Stimmung der Amerikaner war, macht jene Episode deutlich, als sich John Foster Dulles weigerte, dem chinesischen Außenminister Tschu Enlai die Hand zu geben – mit der Bemerkung, man werde wohl nur bei einem Autounfall zusammenkommen. Tschu ging es darum, den USA keinen Anlass für eine Intervention in Vietnam zu geben, die möglicherweise auch China bedrohen würde. Gegenüber einem französischen Delegierten meinte er: »Wir sind hier, um Frieden zu schließen, nicht um die Vietminh zu unterstützen.« Das wurde in der Tat in den folgenden Wochen deutlich. Tschu hatte vor seiner Reise nach Genf Ho Chi Minh in China getroffen und ein Ende der Hilfe angedroht, falls er sich nicht flexibel zeigen werde. Der neue französische Ministerpräsident hieß Pierre Mendès-France, der am 17. Juni öffentlich verkündete, er werde in spätestens vier Wochen, d. h. bis zum 20. Juli, eine Regelung gefunden haben oder zurücktreten. Am 23. Juni traf er Tschu in der französischen Botschaft in Bern und einigte sich mit ihm auf drei Punkte:

1. Waffenstillstand; politische Lösung folgt später,
2. keine weiteren Vietminh in Laos und Kambodscha,
3. »zwei Vietnams«, das hieß Teilung Vietnams.

Für Dulles war das alles sehr fragwürdig: »Wir wissen nicht, was da läuft; wir befürchten, dass Frankreich einer Lösung zustimmt, die dazu führt, dass Laos, Kambodscha und Südvietnam nach wenigen Monaten kommunistisch werden.« Der Vertreter Nordvietnams, Pham Van Dong, forderte die Teilung Vietnams am 13. Breitengrad; das hätte zwei Drittel des Landes für die Kommunisten bedeutet. Mendès-France forderte den 18. Breitengrad. Am 12. Juli traf er erneut mit Tschu in Bern zusammen, wo Tschu meinte, die zwei Parteien sollten jede ein paar Schritte aufeinander zugehen, »was nicht heißt, dass jeder gleich viele Schritte tun muss«. Der nächste Punkt betraf die Wahlen. Pham Van Dong wollte sie nach sechs Monaten, Mendès-France nach zwölf, eventuell 18 Monaten. Am 20. Juli traf man sich beim sowjetischen Außenminister Molotow; an diesem Tag lief für Mendès-France das selbst gestellte Ultimatum ab. Molotow schlug den 17. Breitengrad und Wahlen nach zwei Jahren im Juli 1956 vor. Das Schlussdokument wurde am 21. Juli unterschrieben; zu dem Zweck hielt man die Uhren an, um Mendès-France entgegenzukommen, der dann verkünden konnte, er habe am 20. Juli eine Einigung erreicht. Für Pham Van Dong war klar: »Tschu hat uns reingelegt.« Die entscheidende Frage blieb, ob es innerhalb von zwei Jahren in ganz Vietnam freie Wahlen geben würde.[4, 13, 16] Es sollte sie nicht geben.

Diems Sturz

Eine der nach wie vor umstrittensten Aktionen war der Sturz Diems am 1. November 1963 (und seine anschließende Ermordung). Dies auch, weil sich die damit verbundene Hoffnung auf eine Stabilisierung der Lage nicht erfüllte: Innerhalb von zwölf Monaten nach Diems Sturz putschten die Offiziere gleich achtmal in Saigon.

Diem hatte sich in den fünfziger und Anfang der sechziger Jahre zu einer, wie es hieß, »Puppe, die die Fäden selbst zieht«, entwickelt und ein mehr und mehr repressives System errichtet, unfähig zu irgendwelchen Reformen. Hinzu kam eine unsägliche Vetternwirtschaft: einer seiner Brüder war Erzbischof, ein anderer Chef des Geheimdienstes. Dessen Frau, Madame Nhu, wurde »First Lady« des Landes. Die Situation eskalierte im Frühjahr / Sommer 1963, als bei Demonstrationen eine Frau und acht Kinder getötet wurden. 10 000 Mönche demonstrierten am 8. Mai in Hué gegen die Regierung. Die Krise verstärkte sich, als am 11. Juni 1963 erstmals ein Mönch, der 66-jährige Thich Quang Duc, sich – ohne äußerliche Regungen zu zeigen – öffentlich verbrannte. Zuvor war ein Journalist der »Associated Press« auf diese Aktion hingewiesen worden – und so ging sein Bild um die

Ein Bild, das um die Welt geht: Im Juni 1963 verbrennt sich in Saigon der buddhistische Mönch Thich Quang Duc aus Protest gegen die Diem-Regierung.

Welt. Ein Märtyrer war geboren. Weitere Selbstverbrennungen folgten. Madame Nhu, auf PR-Reise in den USA, ließ sich zu dem Kommentar hinreißen, dies seien schöne Grillfeste: »Sie sollen sich ruhig verbrennen, wir klatschen Beifall.« Das ging selbst einigen Hardlinern in den USA zu weit. Die Kennedy-Administration realisierte mehr und mehr, dass Diem mit seiner Familienclique das eigentliche Problem in Südvietnam war.

In Saigon gab es inzwischen einen neuen US-Botschafter: Henry Cabot Lodge. Als Diem am 21. August wieder gegen die Mönche losschlagen ließ, wurde eine Entwicklung in Bewegung gesetzt, die nicht mehr zu stoppen war. Lodge erhielt am 24. August, einem Samstag, ein inzwischen berühmt-berüchtigtes Telegramm vom State Department, in dem deutlich gemacht wurde, dass Diem seinen Bruder Nhu als Chef der Geheimpolizei ablösen müsse; falls er das nicht tue, werde das zur Folge haben, dass »wir Diem nicht länger unterstützen«. Lodge solle dies auch den Militärs mitteilen und dabei klarstellen, »dass wir sie unterstützen werden, sollte es zu irgendeinem Zusammenbruch der Regierung kommen«.[23] Dies war der Beginn des Staatsstreiches. Präsidentenberater McGeorge Bundy meinte später, man solle so etwas nie am Wochenende tun. An diesem Wochenende spielte George Ball Golf, Dean Rusk war in New York, Kennedy in Hyannis Port, McNamara auf Urlaub und Maxwell Taylor in einem Restaurant. In der Kabinettssitzung am Montag konnte Kennedy nur feststellen: »Mein Gott, meine Regierung fällt auseinander.« Am 29. August kabelte Lodge: »Wir sind auf einem Kurs, von dem es kein ehrenvolles Zurück mehr gibt [...], da es keine Möglichkeit gibt, den Krieg mit Diem zu gewinnen.« Kennedy ließ Lodge am selben Tag in einem nur für Lodge bestimmten Telegramm mitteilen, dass ein von den USA unterstützter Coup erfolgreich sein müsse, denn »ein Scheitern ist schlimmer als Unentschlossenheit. [...] Wenn wir es tun, müssen wir gewinnen, aber es ist besser, unsere Meinung zu ändern als dass wir einen Fehlschlag riskieren.« In Washington waren McNamara und Taylor gegen einen Coup; entsprechend blieb die NSC-Sitzung am 31. August ohne Ergebnis. Paul Kattenburg, der Leiter der interministeriellen Arbeitsgruppe Vietnam (»Task Force Vietnam«) im State Department, machte klar, worum es gehen müsse: »Wir werden in den nächsten sechs Monaten sowieso aus Vietnam rausgeworfen; es wäre besser für uns, die Entscheidung zu treffen, ehrenvoll das Land zu verlassen.«[6]

Zum ersten Mal hatte ein Regierungsbeamter das ausgesprochen, woran andere nicht einmal zu denken wagten. Kattenberg wusste, wovon er sprach: Er war *der* Experte für Indochina im State Department; als so genannter *research analyst* von 1952–1956 war er von Anfang an gegen ein US-Engagement. Er hatte sich – vergeblich – gegen Dean Rusk, 1950 Leiter des Asia Desk im State Department, und andere im State Department gestellt, die Frankreich unterstützen

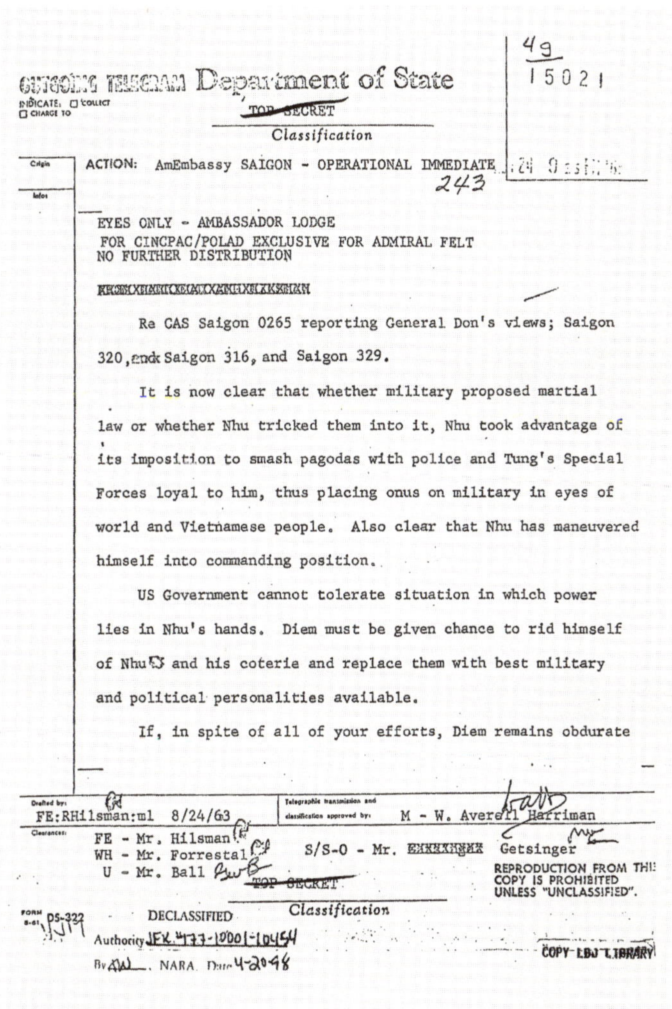

OUTGOING TELEGRAM Department of State

INDICATE: ☐ COLLECT
☐ CHARGE TO

~~TOP SECRET~~

Classification

4g
15021

Origin
ACTION: AmEmbassy SAIGON - OPERATIONAL IMMEDIATE 243

Info:

EYES ONLY - AMBASSADOR LODGE
FOR CINCPAC/POLAD EXCLUSIVE FOR ADMIRAL FELT
NO FURTHER DISTRIBUTION

[illegible]

Re CAS Saigon 0265 reporting General Don's views; Saigon 320, ~~and~~ Saigon 316, and Saigon 329.

It is now clear that whether military proposed martial law or whether Nhu tricked them into it, Nhu took advantage of its imposition to smash pagodas with police and Tung's Special Forces loyal to him, thus placing onus on military in eyes of world and Vietnamese people. Also clear that Nhu has maneuvered himself into commanding position.

US Government cannot tolerate situation in which power lies in Nhu's hands. Diem must be given chance to rid himself of Nhu and his coterie and replace them with best military and political personalities available.

If, in spite of all of your efforts, Diem remains obdurate

Drafted by: FE:RHilsman:ml 8/24/63

Telegraphic transmission and classification approved by: M - W. Averell Harriman

Clearances: FE - Mr. Hilsman
WH - Mr. Forrestal
U - Mr. Ball

S/S-O - Mr. [illegible] Getsinger

REPRODUCTION FROM THIS COPY IS PROHIBITED UNLESS "UNCLASSIFIED".

~~TOP SECRET~~

Classification

FORM DS-322 8-61

DECLASSIFIED
Authority JFK 177-10001-10454
By AW NARA, Date 4-20-98

COPY LBJ LIBRARY

24. August 1963: Die erste Seite des berühmten »Wochenend-Telegramms« des State Department. Am Ende der damit eingeleiteten Entwicklung stehen der Sturz – und die Ermordung – des südvietnamesischen Regierungschefs Diem.

wollten. Später war er oft in Südvietnam und schon bald davon überzeugt, dass die Diem-Regierung nicht überleben und der Vietcong am Ende siegen würde. (1964 wurde Kattenberg kaltgestellt und in den folgenden Jahren von allen Entscheidungen in Bezug auf Vietnam ausgeschlossen; 1972 verließ er das State Department.)

Kattenbergs Empfehlung vom 31. August 1963 folgte Kennedy nicht. Stattdessen schickte er eine weitere *fact finding*-Mission nach Südvietnam, diesmal US-Marine Corps-General Victor Krulak, seit Februar 1962 bei den Joint Chiefs of Staff mitverantwortlich für verdeckte Operationen in Vietnam, und Joseph Mendenhall aus der für Ostasien zuständigen Abteilung im State Department. Sie kamen nach drei Tagen mit zwei vollkommen unterschiedlichen Empfehlungen zurück. Krulak, der sich in erster Linie bei den Militärs umgehört hatte, war überzeugt davon, dass der Krieg mit Diem zu gewinnen sei, während Mendenhall mit der Einschätzung der Zivilisten in Saigon zurückkam, dass dies nicht gelingen könne. Das Diem-Regime stehe kurz vor dem Kollaps, wichtige Teile der Bevölkerung seien mehr daran interessiert, Diem zu verjagen, als den Vietcong zu besiegen. Er wies auch auf die drohende Gefahr eines Krieges zwischen Katholiken und Buddhisten hin. Wenn man überhaupt Fortschritte machen wolle, müssten zumindest Diems unpopulärer Bruder und dessen noch unpopulärere Frau beseitigt werden. Kennedys Kommentar: »Sind Sie zwei sich sicher, dass Sie im selben Land gewesen sind?«[4]

Ende September schickte Kennedy eine weitere *fact finding*-Mission nach Südvietnam, diesmal mit McNamara und Maxwell Taylor. Ihre Empfehlung lautete: Druck auf Diem ausüben, keine weitere Unterstützung, solange Diems Bruder die vietnamesischen Sondereinheiten kontrolliere. Aber: Es gab – noch – keine Empfehlung für einen Staatsstreich, der dennoch bereits in Saigon vorbereitet wurde. Lodge hat später – am 30. Juni 1964 – in der *New York Times* behauptet:

»Der Sturz des Diem-Regimes war eine ausschließlich vietnamesische Angelegenheit. Wir haben zu keinem Zeitpunkt von den Plänen gewusst oder einen Rat gegeben. Wir hatten absolut nichts damit zu tun.«

Am 6. November 1963 hatte er an Kennedy telegraphiert:

»Nachdem die Sache lief, konnten wir nichts mehr ändern. Es ist genauso zutreffend, dass der Boden, in dem sich die Saat für den Coup zu einer stämmigen Pflanze entwickelte, von uns bereitet war und dass es ohne unsere vorbereitende Arbeit nicht zu diesem Putsch gekommen wäre.« [11]

Etwa zur gleichen Zeit machte de Gaulle den Vorschlag, die US-Truppen zurückzuziehen, Südvietnam zu neutralisieren, die Beziehungen zwischen Hanoi und Saigon wieder aufzunehmen und insgesamt zur Genfer Formel von 1954 zurückzukehren. Während die Reaktion in Hanoi und Saigon positiv war, stießen die Vorschläge in Washington auf glatte Ablehnung. Am 27. Oktober 1963 gab George Ball beim Golfspielen grünes Licht für die weitere Aktion in Saigon. General Minh machte Diem das Angebot, bei Aufgabe seines Amtes ihm und seinem Bruder freies Geleit zu gewähren. Diem lehnte ab, und so kam es am Abend des 1. November zum Putsch. Diem und sein Bruder Nhu entkamen durch einen geheimen Tunnel und versteckten sich in der katholischen Kirche im Saigoner Chinesenviertel Cholon. Dort wurden sie am nächsten Morgen gefunden und trotz Zusage freien Geleits von Minhs Leibwächtern brutal ermordet. Kennedy erfuhr davon während einer Sitzung und war merkbar geschockt. Lodge gratulierte den Generalen in Saigon und telegraphierte an Kennedy: »Es sieht jetzt nach einem schnellen Ende des Krieges aus.« Er sollte sich täuschen.

Die Tonking-Resolution

Am Dienstag, dem 4. August 1964, trat Präsident Johnson am späten Abend – genau um 23.36 Uhr – vor die Fernsehkameras und teilte seinen überraschten Landsleuten schier Unglaubliches mit. Im Golf von Tonking seien auf hoher See amerikanische Schiffe mehrfach von nordvietnamesischen Schiffen angegriffen worden. Der erste Angriff am 2. August habe dem Zerstörer »Maddox« gegolten,

> »und heute haben zahlreiche feindliche Schiffe zwei US-Zerstörer mit Torpedos angegriffen. [...] Wir gehen davon aus, dass mindestens zwei der angreifenden Boote von uns versenkt worden sind. Es gab keine Verluste auf amerikanischer Seite.«[25]

Diese erneute Aggression »gegen unsere Streitkräfte zeigt wieder einmal die Bedeutung des Kampfes für den Frieden und die Sicherheit in Südostasien«. Zur terroristischen Aggression gegen friedliche Dorfbewohner Südvietnams sei jetzt »die offene Aggression auf hoher See gegen die Vereinigten Staaten von Amerika gekommen«. Johnson teilte weiter mit, dass er als Reaktion Vergeltungsangriffe der Luftwaffe auf militärische Ziele in Nordvietnam befohlen habe. In einer Meinungsumfrage billigten 85 % der befragten Amerikaner Johnsons Entscheidung. Am 7. August wurde dem Kongress eine Resolution zur Abstimmung vorgelegt, in der zwei Sätze entscheidend waren. Der erste lautete:

> »Der Kongress billigt und unterstützt die Entschlossenheit des Präsidenten, als Oberbefehlshaber alle notwendigen Maßnahmen zu treffen, um jedweden bewaffneten Angriff gegen die Seestreitkräfte der USA zurückzuschlagen und weitere Aggression zu verhindern.«

Der zweite Satz war wohl noch wichtiger. Demnach waren die USA bereit, »so wie der Präsident entscheidet, alle notwendigen Schritte einschließlich der Anwendung bewaffneter Gewalt zu ergreifen«, um jedem SEATO-Mitglied, das »um Unterstützung bei der Verteidigung seiner Freiheit nachsucht, Hilfe zu leisten«. Der Senat verabschiedete die Resolution mit 88 zu 2 Stimmen, die Mitglieder des Repräsentantenhauses nahmen sie einstimmig an. Johnson meinte später, diese Resolution sei »wie Omas Nachthemd – sie deckt alles ab«. Sie diente zur Rechtfertigung des amerikanischen Krieges in Vietnam, mit allem, was dazugehörte. McNamara nannte sie einen »Blankoscheck«

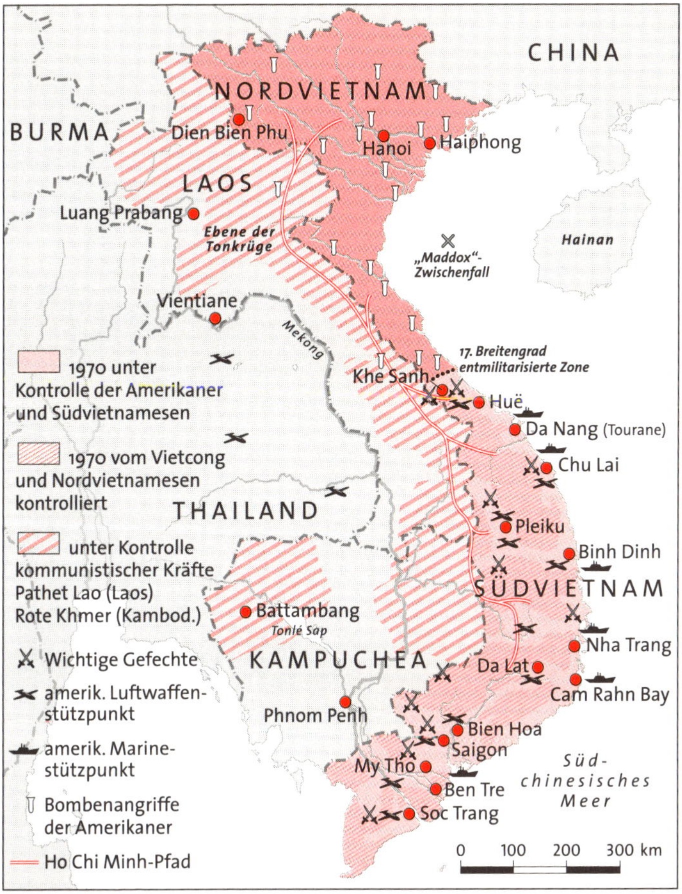

Der Vietnamkrieg.

(»a blank-check authorisation for further action«), die beiden demokratischen Senatoren, die dagegen stimmten, bezeichneten sie als eine »vorzeitige Ermächtigung zur Kriegführung« (»a predated declaration of war-power«).[29]

Ist damit die Bedeutung der Tonking-Resolution unbestritten, so gab es schon bald eine Reihe von Fragen, nämlich:

1. Gab es einen oder zwei Angriffe der nordvietnamesischen Torpedoboote auf amerikanische Schiffe? Und wenn ja, wurden die Schiffe angegriffen, weil sie verdeckte Operationen der Südvietnamesen gegen die nordvietnamesische Küste unterstützten?
2. Welche Rolle spielte der amerikanische Wahlkampf: Johnson gegen den konservativ-reaktionären Barry Goldwater?
3. Spielte die wachsende Instabilität Südvietnams eine Rolle?
4. Informierten die Mitglieder der Johnson-Administration den Kongress bewusst falsch, um die Zustimmung für den Militäreinsatz in Südvietnam zu erhalten?
5. Warum beantragte Johnson im Kongress keine Kriegserklärung?

Seit dem Juli 1964 führten Südvietnamesen verdeckte Operationen in erster Linie an der Küste Nordvietnams durch. Das waren Angriffe auf Inseln, Basen etc., die unter dem Codenamen »Oplan 34 A« liefen; sie wurden im geheimen 303-Komitee in Washington konzipiert, von der CIA koordiniert und von der amerikanischen Marine unter dem Codenamen »De Soto« unterstützt. Die US-Zerstörer näherten sich jeweils der Küste, um damit das nordvietnamesische Radar zu aktivieren; die entsprechende Information wurde dann an die südvietnamesische Armee weitergegeben, die auf diese Weise gezielte Angriffe durchführen konnte.

Am 30. und 31. Juli wurden zwei Inseln von den Südvietnamesen mit Granaten beschossen. Am 1. August näherte sich der amerikanische Zerstörer »Maddox« einer dieser Inseln bis auf Reichweite ihrer Kanonen und provozierte damit am 2. August eine Aktion nordvietnamesischer Patrouillenboote. Mit Unterstützung von Flugzeugen des in der Nähe liegenden Flugzeugträgers »Ticonderoga« zerstörte die »Maddox« zwei dieser Boote und versenkte das dritte.

Es gab keine weiteren Gegenmaßnahmen, da Johnson der Meinung war, dass der Angriff wahrscheinlich auf Befehl des örtlichen Kommandeurs gegeben worden sei und mit Hanoi nichts zu tun habe, womit er in der Tat richtig lag. Tatsache war: Es hatte einen Zwischenfall gegeben und keine wirkliche Reaktion auf amerikanischer Seite. US-Botschafter General Maxwell Taylor in Saigon machte klar, was das bedeuten konnte: ein Zeichen, dass die USA vor einer direkten Konfrontation mit Nordvietnam zurückschreckten, falls Washington nicht auf Angriffe auf einen amerikanischen Zerstörer in internationalen Gewässern reagieren werde. Der republikanische Präsidentschaftskandidat, Senator Barry Goldwater, griff Johnson direkt an:

> »Wir befinden uns im Krieg in Vietnam. Und dennoch weigert sich der Präsident zu sagen, ob wir siegen wollen oder nicht, und sein Verteidigungsminister führt das amerikanische Volk weiter durch Desinformation in die Irre.«[25]

Unmittelbar nach dem Angriff am 2. August gab General Earl Wheeler, der Vorsitzende der Vereinigten Stabschefs, den Befehl, die »De Soto«-Schiffe bis auf elf Meilen an die Küste Nordvietnams heranzuführen. Nordvietnam beanspruchte eine Zwölf-Meilen-Zone für sich, die USA erkannten nur eine Drei-Meilen-Zone an. Die »Maddox« erhielt Verstärkung durch den Zerstörer »C. Turner Joy«. Amerikanische Kampftruppen wurden in Alarmbereitschaft versetzt, Kampfbombergeschwader in Thailand verstärkt und ein zweiter Flugzeugträger in die Region beordert. Moskau wurde informiert, dass kein Grund für irgendeinen Alarm bestehe, und Hanoi vor weiteren Aktionen gewarnt: Die US-Stabschefs setzten gleichzeitig mögliche Ziele in Nordvietnam für Vergeltungsschläge fest. Dann kam der 4. August.

In einer gewittrigen Nacht hatte der Kommandant der »Maddox«, John Herrick, den Eindruck, dass nordvietnamesische Boote angreifen würden. Piloten der von der »Ticonderoga« aufgestiegenen Jets sahen nichts. Dann wurden angeblich 22 Torpedos abgeschossen, und eine wilde Schießerei begann. Die Frage war: Hatte es überhaupt einen zweiten »Zwischenfall« gegeben? Obwohl die Dinge ziemlich unklar waren, beschlossen McNamara, sein Stellvertreter Cyrus Vance und die Stabschefs, dass ein Angriff stattgefunden habe. Diese Entscheidung wurde offensichtlich auch dadurch beeinflusst, dass die Presse inzwischen irgendetwas von einem zweiten Angriff erfahren hatte und Johnson einer Reaktion seines konservativen Herausforderers bei den Präsidentschaftswahlen, Barry Goldwater, zuvorkommen wollte. Er glaubte, handeln zu müssen, wollte Härte zeigen, folgte seinen Ratgebern und befahl die Vergeltungsschläge.[25] Wenig später räumte er privat ein, die Matrosen hätten wohl auf fliegende Fische geschossen.

Bei den Anhörungen der Kongressausschüsse für die Resolution sagte McNamara mehrmals die Unwahrheit. Die »Maddox« operierte zum Beispiel nicht in internationalen Gewässern; die Navy, so McNamara, habe bei den verdeckten Operationen der Südvietnamesen keinerlei Rolle gespielt, »falls es überhaupt welche gegeben hat. Ich sage dies ganz offen. Dies ist eine Tatsache.« McNamara wusste von diesen Aktionen. Er erwähnte sie sogar im Gespräch mit Johnson während der kritischen Tage Anfang August.[26] In seinen Erinnerungen *In Retrospect* meinte McNamara 1995, ein zweiter Angriff sei »wahrscheinlich, aber nicht sicher«.[42] Im November 1995 besuchte er dann Hanoi und fragte dort General Giap nach diesem zweiten Angriff; Giap überzeugte ihn angeblich davon, dass es diesen zweiten Angriff nie gegeben hatte. Wäre er 1964 dessen sicher gewesen, so McNamara am 11. November 1995 in der *Washington Post*, dann »hätte es keine Vergeltungsschläge gegen Nordvietnam gegeben«.

Im Senat stimmten zwei Demokraten, Ernest Gruening aus Alaska und Wayne Morse aus Oregon, gegen die Resolution. Morse wies die Darstellung zurück, dass die Bombardierung der zwei Inseln nichts mit den USA zu tun hätte, worauf McNamara antwortete, die »Maddox« habe in der Tat damit nichts zu tun. In seinen Erinnerungen schreibt McNamara, er habe erst später erfahren, dass er damit völlig falsch gelegen habe. Morse prophezeite eine ähnliche Katastrophe für die USA, wie sie Frankreich 1954 erlitten hatte, sprach von Hunderttausenden amerikanischer Soldaten in Vietnam und Zehntausenden von Toten. Die Tage des Weißen Mannes in Asien seien vorbei. Wie die europäischen Länder »müssen wir einen Weg finden, um uns mit Anstand und Würde aus Vietnam zurückzuziehen. Ganz Vietnam ist nicht so viel wert wie das Leben eines einzigen Amerikaners.«[6] (Privat hatte Präsident Johnson exakt das Gleiche gesagt.) Die Resolution sei eine vorbereitete Ermächtigung, um Krieg zu führen.[44] Damit lag er in der Tat richtig, gab es doch entsprechende Entwürfe schon lange vor diesem 7. August 1964. 1966 stellte Morse erstmals den Antrag, die Resolution aufzuheben – ohne Erfolg. Erst vier Jahre später, 1970, wurde sie vom Kongress aufgehoben.

Die Tet-Offensive

Dienstag, 30. Januar 1968, um 2.45 Uhr, begann ein neuer Abschnitt in der Geschichte des Vietnamkrieges. Neunzehn Vietcong sprengten ein Loch in die Mauer, die die amerikanische Botschaft in Saigon umgab, und stießen auf das Gelände der Botschaft vor, wo ein heftiger Kampf entbrannte. Nach sechs Stunden waren alle neunzehn tot. Heute erinnert eine Gedenktafel an der ehemaligen US-Botschaft mit den Namen der Kämpfer an dieses Kommandounternehmen, das Teil einer koordinierten Großoffensive der Nordvietnamesen und des Vietcong während des buddhistischen Neujahrsfestes Tet war und zur Wende im Vietnamkrieg führte.[24,30]

Es war ein von den Amerikanern nicht mehr für möglich gehaltener Großangriff von 85 000 Soldaten gegen fünf der sechs großen Städte Südvietnams, 36 der 44 Provinzhauptstädte und ein Viertel der 242 Provinzstädte. Das Unternehmen war bereits Mitte 1967 geplant worden und stand unter der Leitung von General Giap, der wie 1954 in Dien Bien Phu mit einem großen Schlag den Krieg siegreich beenden wollte. Während viele Vietnamesen einen Angriff während Tet eher als Sakrileg betrachten würden, glaubte Giap, dass gerade dies von Vorteil sein könne. Im Übrigen verwies er auf ein historisches Vorbild: 1789 hatten vietnamesische Patrioten die Chinesen in Hanoi während des Neujahrsfestes angegriffen. Die Propaganda für den Angriff lautete: »Die große Offensive wird es nur einmal alle tausend Jahre geben. Sie wird das Schicksal des Landes entscheiden. Sie wird den Krieg beenden. Sie entspricht den Wünschen sowohl der Partei wie auch des Volkes.«[24]

Zehn Tage vor dem Angriff begann Giap ein Ablenkungsmanöver: Khe Sanh, die Basis der Marines im Nordwesten Südvietnams, wurde angegriffen und belagert (fast gleichzeitig kaperte Nordkorea das amerikanische Nachrichtenschiff »Pueblo« in internationalen Gewässern vor der koreanischen Halbinsel). In Washington erinnerte man sich mit Schrecken an Dien Bien Phu. Johnson war geradezu besessen von dieser Idee. Im Weißen Haus ließ er ein Sandkastenmodell Khe Sanhs bauen und sich über die »Operation Niagara« informieren: den Abwurf von 75 000 Tonnen Bomben auf die kommunistischen Belagerer. So viele Bomben waren noch niemals zuvor in der Kriegsgeschichte auf ein taktisches Ziel abgeworfen worden. Am Ende gab es 10 000 tote Kommunisten und 500 tote Amerikaner. Im Weißen Haus verlangte Johnson von den Stabschefs ein »Glaubensbekenntnis«, dass Westmoreland die Fähigkeit habe, Khe Sanh zu halten. Offensichtlich war es nicht die Absicht Giaps, Khe Sanh zu erobern. Im Juni 1968 gaben die Amerikaner die Basis auf. Bulldozer sorgten dafür, dass nichts mehr an die Belagerung erinnerte und die Nordvietnamesen keine Gelegenheit hatten, später einmal dort ein Siegesdenkmal zu errichten.[8]

In Südvietnam dauerten die schwersten Kämpfe insgesamt etwa 14 Tage; am Ende hatten die Amerikaner und Südvietnamesen den kommunistischen Ansturm zurückgeschlagen. Nichts machte die Sinnlosigkeit des gesamten Krieges so deutlich wie jener Satz eines

Februar 1968: Tet-Offensive. Der Polizeipräsident Südvietnams erschießt in Saigon vor laufender Kamera einen Vietcong. Das berühmt-berüchtigte Bild schockt die amerikanische Öffentlichkeit. Nur die wenigsten wissen, dass die Familie des Polizeipräsidenten kurz zuvor von Vietcong ermordet worden ist.

US-Offiziers am Ende der Kämpfe um Ben Tre: »Wir mussten die Stadt zerstören, um sie zu retten.« Am längsten hatten die Vietcong die alte Kaiserstadt Hué besetzt gehalten, wo sie über 2000 Zivilisten exekutierten. Obwohl die amerikanischen Militärs in Saigon die Tet-Offensive als »knappe Sache« bezeichneten, hatte Giap zwei Ziele nicht erreicht: Es kam nicht zu dem erwarteten allgemeinen Volksaufstand in Südvietnam und auch nicht zum Zusammenbruch der südvietnamesischen Armee, die zwischen 4000 und 8000 Soldaten verlor. Die Kommunisten hatten 40 000–50 000 Tote zu beklagen, das hieß, die Vietcong waren nahezu vollständig vernichtet worden. Von nun an wurde der Krieg fast ausschließlich von Nordvietnamesen geführt, ein Ergebnis, das in Hanoi nicht völlig unwillkommen war, auch wenn sich so mancher südvietnamesische Kommunist von seinen Brüdern im Norden verraten fühlte. Aus Sicht der Vietcong war Tet ein furchtbares Blutbad, eine katastrophale Niederlage.

Noch in anderer Hinsicht war Tet ein Wendepunkt, wenn auch so wahrscheinlich von Giap nicht geplant: Die amerikanische Öffentlichkeit verlor den Glauben an den Sieg, Johnson und die Militärs büßten ihre Glaubwürdigkeit ein. Die Militärs, allen voran General Westmoreland, und die Politiker in Washington hatten die Öffentlichkeit glauben machen wollen, dass der Sieg in Vietnam unmittelbar bevorstehe. Westmoreland hatte das auf einer Propagandatour noch im November 1967 öffentlich in Washington verkündet. Nun sah sich der »einfache Amerikaner« mit unglaublichen Bildern konfrontiert, die das Fernsehen in jede Wohnung brachte: Kämpfe auf dem Gelände der US-Botschaft, die angeblich uneinnehmbar war, Häuserkampf in Khe Sanh und die auf der Straße von Saigon durchgeführte Exekution eines Vietcong durch den südvietnamesischen Polizeipräsidenten, wobei niemand wusste, dass dessen Familie kurz zuvor von Vietcong ermordet worden war. (Eine ähnliche Symbolkraft hatte vier Jahre später das inzwischen berühmte und mehrfach ausgezeichnete Bild des Associated Press-Fotografen Nick Ut: das 9-jährige Mädchen Kim Phuc auf der Flucht vor dem Horror der Napalmbomben.)

Der entscheidende Wendepunkt war der Abend des 27. Februar 1968, als der CBS-Nachrichtensprecher Walter Cronkite nach einem Besuch Südvietnams verkündete, der Krieg sei nicht zu gewinnen. Die amerikanische Öffentlichkeit glaubte Cronkite mehr als jedem Militär oder Politiker.[30] Am 8. Februar kabelte der Vorsitzende der Stabschefs, General Wheeler, an Westmoreland, Johnson sei nicht bereit, eine Niederlage hinzunehmen: »Wenn Sie mehr Truppen benötigen, fordern Sie sie an.« Westmoreland forderte weitere 206000 Soldaten. Dies hätte bedeutet, dass die USA auf Kriegszustand gebracht werden mussten. Eine Entscheidung wurde umso dringender, als Neil Sheehan, der Pentagon-Reporter der *New York Times*, Anfang März die Forderung Westmorelands veröffentlichte (Sheehan war es auch, der

Februar 1968: Südvietnamesen auf der Flucht. Die Tet-Offensive ist militärisch eine Niederlage für die Kommunisten, aber politisch ein Erfolg: die amerikanische Öffentlichkeit verliert den Glauben an den Sieg in Vietnam, Präsident Johnson und die Militärs büßen ihre Glaubwürdigkeit ein.

1971 einige der »Pentagon-Papers« in der *New York Times* veröffentlichte). Johnson beauftragte den neuen Verteidigungsminister Clark Clifford mit einer Prüfung der Gesamtlage. Der machte Anfang März klar, worum es ging: »Wir vergeuden den Reichtum unseres Landes und das Leben unserer Männer im Dschungel.« Westmoreland konnte jedenfalls keine Garantie für einen Sieg mit den zusätzlichen Soldaten geben; würde Johnson, so Clifford, der Forderung der Militärs nachgeben, so würde das bedeuten, »mehr Truppen, mehr Waffen, mehr Flugzeuge, mehr Schiffe [...], ohne dass wir erreichen, was wir wollen«. Das war genau das, was auch Johnson fürchtete; die Militärs würden dann nochmals 200 000 oder 300 000 Soldaten anfordern, ohne dass ein Ende in Sicht wäre.[7]

Am 12. März, zwei Tage nach der Veröffentlichung in der *New York Times*, fanden in New Hampshire Vorwahlen statt. Senator Eugene McCarthy aus Minnesota, der offen ein Ende der Bombardements und die Eröffnung von Verhandlungen mit Hanoi forderte, wagte es, gegen Johnson und dessen mögliche erneute Kandidatur für das Präsidentenamt anzutreten. Johnson hatte diese Kandidatur noch gar nicht erklärt, aber die Wähler sollten seinen Namen in die Wahllisten schreiben. »Eine Stimme für McCarthy ist eine Stimme für den Feind.« Oder: »Die Kommunisten in Vietnam beobachten die Vorwahlen in New Hampshire.« So lauteten die Wahlslogans. Trotzdem erhielt McCarthy 50 000 Stimmen; das waren nur knapp 300 weniger als Johnson. McCarthy war dennoch nur ein Symbol, »Bobby« Kennedy aber war real. Er stellte sich den Vorwahlen in Wisconsin, die für den 2. April 1968 angesetzt waren.

Die Manager der Demokratischen Partei fürchteten damals den Niedergang der Partei. Was Vietnam betraf, so meinte einer von ihnen: »Kaum jemand ist noch am Sieg interessiert. Jeder will nur Schluss machen; die einzige Frage ist: wie?«[6] Inzwischen wurden auch die wirtschaftlichen und finanziellen Konsequenzen immer deutlicher. Johnson hatte den Krieg, der bislang jährlich 3,6 Mrd. Dollar gekostet hatte, durch Budgettricks und ohne Steuererhöhungen finanziert. Jetzt gab es eine Wirtschaftskrise, Inflation und ein Budgetdefizit. Das Weltwährungssystem geriet in Gefahr: Der Dollar verlor an Wert, an der Londoner Goldbörse wurde auf Bitten Washingtons der Handel eingestellt.[3] Am 26. März konsultierte Johnson noch einmal die »weisen Männer«. Unter ihnen waren große Namen des Kalten Krieges: Dean Acheson, Arthur Goldberg (der UNO-Botschafter), George Ball, Henry Cabot Lodge, Douglas Dillon, John McCloy, Robert Murphy, Omar Bradley, Matthew Ridgway, Dean Rusk, Walt Rostow, Earl Wheeler und Clark Clifford. Dean Acheson fasste die Meinung der Mehrheit folgendermaßen zusammen:

> »In der Zeit, die uns noch bleibt, können wir den Job, den wir uns vorgenommen hatten, nicht zu Ende bringen, und wir müssen damit beginnen, unser Engagement zu beenden.« (»... we must begin to take steps to disengage.«)

George Ball wies auf die Bedeutung der fortdauernden Bombardierung hin: »Solange wir das weitermachen, bringen wir weiter die zivilisierte Welt gegen uns auf.« General Ridgway schlug eine Taktik vor, die dann später »Vietnamisierung« hieß; man solle dafür der südvietnamesischen Regierung zwei Jahre Zeit geben, »danach beginnen wir mit dem Abzug unserer Truppen«. McCloy war gegen eine radikale Wende und sprach sich für jene 200 000 zusätzlichen Soldaten aus. Er blieb – mit Rostow – in der Minderheit.[9] Am 28. März meinte Johnson: »Jeder empfiehlt die Aufgabe.« (»Everybody's recommanding surrender.«)[6] Drei Tage später gab er auf.

Am Abend des 31. März wandte sich Johnson über das Fernsehen an die Nation. Im Entwurf der Rede – vor der Sitzung der »Wise Men« fertig gestellt – hatte der erste Satz noch gelautet: »Meine Landsleute, ich möchte mit Ihnen heute Abend über den Krieg in Vietnam sprechen.« Jetzt hatte Johnson »Krieg« durch »Frieden« ersetzt. Er kündigte das Ende der Bombardierung Nordvietnams an, mit Ausnahme jener Gebiete, die unmittelbar nördlich der entmilitarisierten Zone lagen. Gleichzeitig verband er dies mit dem Angebot an Nordvietnam zu Verhandlungen, die Botschafter Averell Harriman führen sollte. Der Knalleffekt kam am Ende seiner Rede: Völlig überraschend und unerwartet selbst für seine engsten Mitarbeiter teilte Johnson seinen Verzicht auf eine erneute Kandidatur für das Präsidentenamt mit. Vier Jahre zuvor hatte er einmal gesagt, er wolle nicht in einen Krieg in Asien verwickelt werden. Jetzt hatte ihn dieser Krieg, den er nicht gewollt hatte, politisch zu Fall gebracht.

Drogen

Eines der größten Probleme der amerikanischen Streitkräfte vor allem in Vietnam war der zunehmende Drogenkonsum, der 1969/70 geradezu explodierte und ein Jahr später nach Aussage des für die Marine zuständigen Ministers John H. Jaffee außer Kontrolle geraten war und die Kampfkraft der Truppe mehr und mehr unterminierte.[12] Interessant ist, dass der US-Geheimdienst in Vietnam nach intensiven Untersuchungen feststellen musste, dass die Kommunisten mit dem Drogenhandel in Südostasien nichts zu tun hatten, sehr wohl aber die dortigen Verbündeten der USA.

Das Rauchen von Opium galt im alten China als ein ehrenhaftes Laster, aber das daraus chemisch produzierte Heroin war etwas anderes und eine ziemlich neue Entwicklung. Fast ein Jahrhundert lang hatte die französische Kolonialverwaltung das Rauchen von Opium, das immerhin 16 % der gesamten Steuereinnahmen ausmachte, erlaubt. 1930 gab es in Indochina 3500 offizielle Opiumhöhlen, die die 125 200 Opiumraucher belieferten. Unter dem Druck der Vereinten Nationen beendete die französische Regierung 1950 dieses Opiummonopol. Damit wurde das Übel aber nicht ausgerottet, denn das französische Militär übertrug den Drogenhandel inoffiziell dem eigenen Geheimdienst, der damit die verdeckten Operationen gegen die kommunistischen Vietminh finanzierte.

Auf lokaler Ebene wurde der Opiumhandel auch nach 1954 fortgeführt, aber Heroinhandel in großem Maßstab gab es erst seit 1969, als sieben große Labors ihre Arbeit im so genannten »Goldenen Dreieck« – dem Grenzgebiet zwischen Burma, Thailand und Laos – begannen. Anfang der fünfziger Jahre hatten die Drogenbosse Opium und granuliertes Rohheroin für die Drogensüchtigen in Städten wie Bangkok und Hongkong hergestellt. Ab 1969/70 wurde dann feinstes Heroin in Pulverform für die US-Truppen in Südvietnam produziert. Die Labors wurden von Kriminellen in Hongkong geleitet und standen unter Kontrolle von Alliierten der USA, in erster Linie den Nationalchinesen, die im Norden Thailands stationiert waren, und des Oberkommandierenden der Königlich Laotischen Armee, General Ouane Rattikone. Im Juni 1971 hieß es in einer CIA-Studie, dass diese Labors auf Grund der wachsenden Nachfrage durch die US-Truppen entstanden seien.

Die laotischen Truppen spielten eine Schlüsselrolle im Drogenhandel Indochinas. Besitzer des größten Labors war General Ouane selbst; dort wurden täglich 100 kg Rohopium zu Heroin für die US-Soldaten in Südvietnam verarbeitet. Ouane benutzte dafür Truppen und Flugzeuge der laotischen Armee. Die CIA war in gewisser Weise auch daran beteiligt; ihre Geheimarmee in Laos, etwa 30 000 Bewohner des Hochlandes Hmong, waren davon abhängig, dass die CIA das Opium vermarktete. Die Bauern produzierten Rohopium, das an die Heroinlabors verkauft wurde, und die Luftfahrtgesellschaft der CIA, »Air America«, bot den Kommandeuren der Hmong – wenn auch inoffiziell – an, das Opium in ihren Flugzeugen zu transportieren.[8]

Nach der Tet-Offensive 1968 stieg der Drogenkonsum dramatisch an; zunächst Marihuana, gegen das die militärische Führung noch massiv vorging; 1969 wurden etwa 1000 Soldaten pro Woche verhaftet, die Marihuana besaßen. Dies führte allerdings lediglich dazu, dass auf Heroin umgestellt wurde, das in Saigon in so hoher Reinheit verkauft wurde, dass es in einer normalen Zigarette geraucht werden konnte, ohne dass etwas zu »erriechen« war. Heroin war im Übrigen extrem billig: ein Gramm 95 % reines Heroin kostete zwei Dollar; die gleiche Menge kostete in den USA 100 Dollar und war höchstens 10 % rein. 1970 wurde ein Pilot des US-Botschafters in Saigon mit Heroin im Flugzeug im Wert von acht Mio. Dollar festgenommen. Der Heroinkonsum nahm epidemische Formen an, 1971 nahmen etwa 44 % der Soldaten Heroin; 20 % bezeichneten sich als drogenabhängig. 1970 konnte ein Zerstörer an der Westküste beinahe nicht auslaufen, da 10 % der Besatzung drogensüchtig waren.[12] Um die Sache in den Griff zu bekommen, mussten sich ab Juni 1971 alle GIs vor ihrem Rückflug in die Heimat Urintests unterziehen. 1973 hieß es in einer Studie des Pentagon, dass etwa 70 % aller US-Soldaten in Vietnam Drogen in irgendeiner Form genommen hatten, davon, so 1974 das »Office for Drug Abuse Prevention«, 34 % in der Regel Heroin. Beruhigend schien das Ergebnis einer anderen Untersuchung aus demselben Jahr: Demnach hatten 86% all jener, die mit Marihuana begonnen hatten, nach ihrer Rückkehr in die USA keine Drogen mehr genommen.

Die Antikriegsbewegung

Anfang August 1964 wurde eine Meinungsumfrage in den USA durchgeführt. 85% der Befragten stimmten der Politik Präsident Johnsons zu, der wenige Tage zuvor die ersten Vergeltungsschläge gegen Nordvietnam hatte durchführen lassen. Mit der Ausweitung des Bombenkrieges im Februar/März 1965 gab es dann die ersten Proteste, und zwar an amerikanischen Universitäten. Dafür gab es ein neues Wort: *teach-in*. Das erste fand in der Nacht vom 24. auf den 25. März 1965 an der University of Michigan statt. 3000 Studenten und Professoren nahmen an dieser Veranstaltung teil. Andere Universitäten folgten, mit einem Höhepunkt in der Nacht vom 21. auf den 22. Mai an der University of California in Berkeley mit mehr als 20 000 Studenten und 36 Stunden Dauer.[36, 37]

Das konnte allerdings nicht darüber hinwegtäuschen, dass die Gegner des Krieges 1965 noch klar in der Minderheit waren. Dennoch sah Johnson die Gefahr. Er war als »Friedenspräsident« gewählt worden und musste doch befürchten, dass der Konsens in der Gesellschaft zerbrach. Und so hielt er am 7. April 1965 jene Rede an der Johns Hopkins University. Um die Öffentlichkeit nicht zu beunruhigen, wurde auch die Bedeutung seiner historischen Entscheidung vom Juli 1965 – massive Truppenverlegungen nach Südvietnam – heruntergespielt. 1966 und 1967, als Erfolge ausblieben und die Zahl der getöteten amerikanischen Soldaten stieg, wurde die Antikriegsbewegung ein Element in der amerikanischen Innenpolitik. Die Teilnehmerzahlen an Demonstrationen stiegen in die Hunderttausende. Es begann am 28. November 1965 mit dem größten Marsch auf Washington seit dem Zweiten Weltkrieg. Die Senatoren Ernest Gruening und Wayne Morse wurden unterstützt vom populären Kinderarzt Benjamin Spock bei ihrer Forderung, den Krieg durch Verhandlungen zu beenden.

Zu dieser Zeit unterstützten immer noch 70 % der Bevölkerung den Krieg. Daran änderten auch die ersten Selbstverbrennungen in den USA nichts, die am 2. November 1965 begannen. Der Quäker Norman Morrison überschüttete sich und seine 18 Monate alte Tochter vor dem Pentagon mit Benzin und zündete es an; seine Tochter konnte gerettet werden. Im Jahr 1967 nahmen die Demonstrationen zu. Es begann am 15. April mit Veranstaltungen in San Francisco und New York. 50 000 nahmen in San Francisco teil, 200 000 in New York. Auf Schildern konnte man lesen: »Stop bombing«, »No Vietnamese ever called me Nigger« und »Children are not born to burn«. Einige Demonstranten skandierten: »Hey, hey L. B. J., how many kids did you kill today?« und »Hell no, we won't go«.

Wer protestierte und welchen Erfolg hatten die Proteste? Die Antikriegsbewegung wird allgemein als eine College- und Universitätsbewegung angesehen, umfasste aber viel mehr Personen auch außerhalb der Universitäten, sogar jene, die Studenten – die nicht eingezogen wurden – als Privilegierte ansahen und sie als solche auch kritisierten. Manche Aktionen spalteten das Lager. Der zentrale Streitpunkt war immer noch zwischen jenen, die als »respektabel« erschienen und so die Unterstützung der Mittelklasse gewinnen wollten, und jenen, die gerade die Mittelklasse als Problem ansahen und der Ansicht waren, dass nur dramatische, ja sogar übertriebene Aktionen die Bevölkerung aus ihrer Gleichgültigkeit reißen würden. Diese Konflikte wurden in endlosen Debatten über Ausschluss oder Miteinbeziehung aggressiverer Elemente ausgetragen.

Welche Slogans und welche Vorgangsweisen sollten angewandt werden? Welche Taktiken – von anerkannten Petitionen, die den führenden Persönlichkeiten vorgelegt werden sollten, bis hin zur Sprengung von Polizeiketten? Es gab immer wieder Aktionen, die die Ab-

Das wohl berühmteste amerikanische Poster des Zweiten Weltkrieges wird von den Antikriegsgegnern etwas umgewandelt: aus »I want you« wird »I want out«.

sichten der Antikriegsbewegung diskreditierten, wie etwa das Verbrennen amerikanischer Flaggen. Auch das öffentliche Verbrennen der Einberufungsbefehle stieß bei der Mehrheit der Amerikaner auf Ablehnung und verärgerte und entfremdete jene, die nötig gewesen wären, um das Töten in Vietnam zu beenden. Dass so manche Veranstaltung als »Hippie-Veranstaltung« diskreditiert wurde, auf der Protestmusiker wie Joan Baez und Bob Dylan Antikriegslieder vortrugen, gehörte mit zu den unerfreulichen Begleiterscheinungen. Das Verbrennen von Einberufungsbefehlen entwickelte sich im Laufe der Protestbewegung zu einer symbolischen Beleidigung der Regierung, obwohl oder vielleicht gerade weil damit das Risiko einer 10 000-Dollar-Geldstrafe oder bis zu fünf Jahre Gefängnis verbunden war – so angesichts der steigenden Zahl der Kriegsgegner vom Kongress bereits im Sommer 1965 beschlossen. Erst als unter Nixon die »Lotterie« für die Einberufung eingeführt wurde und durch die »Vietnamisierung« weniger junge Männer nach Vietnam geschickt wurden, ging das Verbrennen der Einberufungsbefehle und das Desertieren, vornehmlich nach Kanada, zurück.[8]

Ein erster Höhepunkt der Massendemonstrationen im Jahr 1967 war die »Stop the Draft«-Woche vom 16. bis 21. Oktober, die mit einem gigantischen Marsch auf Washington vom 20. bis 21. Oktober endete. Zum ersten Mal seit 1932 wurden Truppen zum Schutz der Regierung angefordert. Für Johnson und seine Mitarbeiter waren Pazifisten und Kommunisten am Werk. Am 21. Oktober versammelten sich über 100 000 Menschen am Lincoln Memorial und begannen die größte Antikriegsdemonstration, die Washington bis dahin gesehen hatte. Es wurden sofortige Verhandlungen, ein Bombenstopp und ein Abzug der Truppen gefordert. 150 Friedensgruppen hatten zu der Veranstaltung aufgerufen, ohne die Dinge wirklich koordinieren zu können. Am Ende marschierten 50 000 Menschen auf das Pentagon zu, überreichten den Soldaten Blumen und sangen Protestlieder. So wie bei dieser Veranstaltung war auch sonst Gewalt kein bestimmendes Element der Proteste.

Die Medien kommentierten die Veranstaltung auf ihre Art: Die *New York Times* berichtete, dass »ein Marihuana-ähnlicher Geruch über die Menge zog«. Für Barry Goldwater war die Veranstaltung ein »hasserfüllter, antiamerikanischer, pro-kommunistischer, gewalttätiger Aufstand des Mobs«. Umfragen zu diesem Zeitpunkt zeigten, dass 70 % der Befragten der Meinung waren, diese Antikriegsdemonstranten würden die Sicherheit der Soldaten in Vietnam gefährden und Vietcong und Nordvietnamesen in ihrem Kampf stärken. Die gleichen Umfragen bestätigten allerdings auch, dass die Mehrheit der Amerikaner Kriegsziele in Vietnam nicht nennen konnte, aber dennoch glaubte, dass der Eintritt in den Krieg kein Fehler gewesen sei. Man war gleichzeitig gegen eine Verstärkung der Truppen *und* gegen einen Rückzug. Diese Verwirrung wurde auch in Umfragen im Oktober 1967 deutlich, als nur noch 38 % der Amtsführung Johnsons zustimmten.

Im November wurde daher General Westmoreland nach Washington zitiert, wo er Optimismus verbreiten sollte; er sagte denn auch einen baldigen Sieg voraus, die Kommunisten seien praktisch erledigt und nicht mehr in der Lage, eine größere Operation in Südvietnam zu starten.

In Vietnam sterben prozentual mehr schwarze als weiße Soldaten. Das bleibt allerdings ohne Auswirkungen auf die Bürgerrechtsbewegung in den USA, die in ihrer Haltung zum Krieg gespalten ist.

Der Schock kam mit der Tet-Offensive, die Glaubwürdigkeit der Politik und der Militärs war dahin. In der zweiten Februarwoche gab es mit 543 die höchste Zahl an getöteten amerikanischen Soldaten in Vietnam in einer Woche, dazu noch 2547 Verwundete. In der zweiten Märzwoche zeigte eine Gallup-Umfrage, dass die Mehrheit der Amerikaner ein Ende des Krieges wünschte.[24] Wenige Tage später zog Johnson die Konsequenzen aus dieser Entwicklung. Dabei spielten die Medien eine wichtige Rolle. In mancher Hinsicht war der Vietnamkrieg der erste unzensierte Krieg im Fernsehen. Zum ersten Mal war es möglich, Filmrollen innerhalb weniger Stunden von Saigon nach Los Angeles zu fliegen und die Bilder nach Hause in die Wohnzimmer zu bringen. Mit der Berichterstattung über die Tet-Offensive wurden die Entscheidungen der Militärs, die Motive der Regierung und der Sinn des Krieges angezweifelt. Ob und inwieweit die Antikriegsbewegung bei dieser Entwicklung eine Rolle gespielt hat, bleibt dagegen umstritten.

Im Zusammenhang mit der Antikriegsbewegung muss auch Martin Luther King jr. genannt werden. Im Januar 1967 sprach er sich offen für ein Zusammengehen der Bürgerrechtsbewegung mit der Antikriegsbewegung aus. Nicht alle Schwarzen waren damit einverstanden, richtete sich dies doch gegen Johnson, den sie als einen Präsidenten betrachteten, der sich für mehr Rechte der Schwarzen einsetzte. Diese »Koalition« endete denn auch mit der Ermordung von King im April 1968. Hier muss auch ein anderes Idol der Schwarzen genannt werden: Boxweltmeister Cassius Clay, seit 1965 Muhammad Ali, der den Kriegsdienst mit dem inzwischen berühmten Satz verweigerte, er habe keinen Streit mit den Vietcong (»Me, I ain't got no quarrel with the Vietcong«) und sei ein Priester des Islam. Eine Stunde später wurde ihm der Weltmeistertitel aberkannt und die Boxlizenz entzogen; gegen das nachfolgende Urteil – fünf Jahre Gefängnis plus 10 000 Dollar Strafe – legte er erfolgreich Berufung ein.

Nixon hatte ein Ende des Krieges versprochen; als dies ausblieb und er den Krieg sogar noch ausweitete, nahmen auch die Demonstrationen zu. Die Antikriegsbewegung verlor erst an Bedeutung, als immer weniger Soldaten nach Vietnam geschickt wurden und das Interesse an diesem Krieg immer mehr verloren ging. Die Demonstrationen im Oktober / November 1969 sind bereits erwähnt worden. Wie gespalten das Land war – aber auch verunsichert –, zeigen die Demonstrationen und die Reaktionen auf die Entscheidung Nixons, den Krieg nach Kambodscha auszudehnen. Es gab Protestdemonstrationen in Hunderten von Universitäten im ganzen Land, so auch an der Kent State University in Ohio. Gouverneur James Rhodes beorderte die Nationalgarde auf den Campus, um, wie er es formulierte, »die kommunistischen Elemente auszurotten«.[6] Am 4. Mai protestierten 2000 Studenten friedlich gegen die Anwesenheit der Nationalgarde, die trotzdem das Feuer eröffnete, vier Studenten tötete und weitere neun verwundete. Zwei Tage später wurden zwei Studenten, die am Jackson State College in Mississippi protestiert hatten, ebenfalls erschossen. Daraufhin kam es am 7. Mai 1970 zu Pro-Nixon-Demonstrationen der New Yorker Bauarbeiter. Sie verprügelten

Antikriegsdemonstranten und zwangen Angestellte im Rathaus, die amerikanische Flagge wieder hochzuziehen, die zum Zeichen der Trauer um die toten Studenten auf Halbmast gesetzt worden war.

Antikriegsproteste an fast allen Universitäten folgten; vier Millionen Menschen nahmen teil, mehr als 100 000 versammelten sich spontan in Washington.

Am eindrucksvollsten von allen Demonstrationen war jene der Veteranen. Nach 365 Tagen Dienst in Vietnam, wo viele bereits am Sinn des Krieges gezweifelt hatten, kamen sie zurück in eine Gesellschaft, in der das Leben mit einigen Ausnahmen wie gewöhnlich weiterging, wo der Krieg immer unpopulärer wurde und es für sie keine Siegesparade gab. Bereits 1967 organisierten sie sich in den »Vietnam Veterans Against the War« (VVAW). Als der Prozess gegen William Calley lief, führten sie ein eigenes Tribunal durch und machten klar, dass My Lai kein Einzelfall gewesen war. Im April 1971 organisierten sie die größte Demonstration in Washington mit Anhörung vor dem außenpolitischen Senatsausschuss. Unvergessen die Szene, als sie ihre Orden wegwarfen. Damals versammelten sich 500 000 Demonstranten in Washington. Als eine Woche später »nur« 30 000 kamen, hatte die Regierung 5100 Polizisten, 1500 Nationalgardisten, 500 Parkaufseher und 10 000 Mann Bundestruppen aufgeboten. Man setzte Tränengas gegen die Demonstranten ein und verhaftete 1500 von ihnen. Einer der Demonstranten war Daniel Ellsberg, der in seiner Entscheidung bestärkt wurde, die von ihm heimlich kopierten »Pentagon Papers« zu veröffentlichen. Der erste Bericht erschien am 13. Juni 1971 in der *New York Times*.[32]

Der Führer der VVAW hieß John Kerry, hoch dekorierter Vietnamveteran, der freiwillig nach Südostasien gegangen war. Vor dem Senatsausschuss hatte er im April 1971 gesagt, er habe diese letzte Mission unternommen, »damit wir, wenn in dreißig Jahren unsere Kameraden ohne Beine, ohne Arm, ohne Gesicht die Straße herunterkommen und ein kleiner Junge die Frage stellt, warum das alles, wir sagen können

›Vietnam‹, und damit nicht schlimme, furchtbare, unerträgliche Erinnerungen meinen, sondern einen Ort, wo Amerika endlich eine Kehrtwendung gemacht hat und Soldaten wie wir dabei geholfen haben«.[7]

Der Vietnamkrieg im Film

Der Vietnamkrieg mit Vor- und Nachgeschichte war und ist Gegenstand zahlreicher Spielfilme und Fernsehproduktionen, wobei keiner dieser Filme in Vietnam selbst gedreht wurde. Zwischen 1957 und 1992 produzierten die Franzosen 36 Spielfilme über Indochina, von denen zwei besonders hervorzuheben sind: zum einen Pierre Schoendoerffers *Dien Bien Phu* (1991), der sich nüchtern und ohne großes Pathos mit der gleichnamigen Schlacht befasst, die 1954 für Frankreich verloren ging – für die Franzosen ein ähnliches Trauma wie für die Amerikaner der japanische Angriff auf Pearl Harbor 1941 oder eben der Vietnamkrieg. Schoendoerffer war als Armeekameramann dabei gewesen und in vietnamesische Gefangenschaft geraten.

Der andere Film ist *Indochine* (1992). Er schildert die Situation der annamitischen Arbeiter auf den Plantagen, die in schlechten sozialen Verhältnissen leben, aber über ihre Kräfte hinaus arbeiten müssen, um den Wohlstand der Franzosen in Indochina zu gewährleisten. Der Film, in dem Cathérine Deneuve eine Hauptrolle spielt, wurde 1993 mit dem Oscar für den besten ausländischen Film ausgezeichnet. Es werden zwar auch die Schwierigkeiten gezeigt, die durch das Zusammenleben von zwei Kulturen entstehen, aber letztlich bleibt es wohl primär bei einem Liebesfilm.

Noch während des Krieges wurden in Nordvietnam etwa 200 Filme produziert, einzig zu dem Zweck, Moral und Kampfkraft auf hohem Niveau zu halten – was weitgehend gelang. Es verwundert kaum, dass in Südvietnam keinerlei ähnliche Filme produziert wurden.

Neben Südkorea waren vor allen Dingen auch die Australier mit Truppen in Südvietnam engagiert. Dies wurde und wird im Nachhinein als Identität stiftendes Unternehmen charakterisiert, das in verschiedenen Fernseh- und Filmproduktionen dargestellt wurde, so etwa in der bekannten TV-Miniserie *Sword of Honor* (1986), *Vietnam* (1987) und *Frankie's House* (1992). *Frankie's House* zeigt einen britischen Fotografen, der drei Jahre in Vietnam verbrachte und viermal verwundet wurde.[8,35,39]

Die wichtigsten Filme wurden in den USA produziert, mit unterschiedlichen Akzenten. Es gab etwa 40 Fernsehproduktionen; bemerkenswert ist z. B. *Dear America: Letters Home From Vietnam* (1987). Hier wurden reale Kriegsszenen mit Brieftexten von Wehrpflichtigen unterlegt und von Hollywoodstars verlesen. Ein Thema ist immer wieder auch das Problem der Veteranen. Einer der ersten und besten Filme – mit einem Oscar prämiert – ist *Coming Home* (1987), mit Jane Fonda in der Hauptrolle, die nach ihrer umstrittenen Aktion während des Weihnachtsbombardements 1972 in Hanoi jahrelang in den USA abfällig als »Hanoi Jane« bezeichnet wurde. Sally (Jane Fonda) lernt als freiwillige Krankenschwester einen schwer verletzten Vietnamveteranen kennen und lieben. Bemerkenswert auch *Good Morning, Vietnam* (1987), der als Komödie angelegt ist – mit Robin Williams –, aber weit darüber hinausgeht und die Realität des Alltags sehr deutlich zeigt.

In den letzten 25 Jahren wurden einige weitere bemerkenswerte Filme produziert. *The Deer Hunter* (*Die durch die Hölle gehen*, 1978) von Michael Cimino erhielt mehrere Oscars und wurde bei den Filmfestspielen in Berlin von den Staaten des Ostblocks als rassistische Darstellung boykottiert. 1979 folgte *Apocalypse Now*. Die zentrale Ebene dieses Films bildet die Psychologie des Innenlebens von Militärs im Vietnamkrieg. Kurtz hat im Laufe seines Einsatzes in Vietnam jeglichen Bezug zur Realität verloren und ist dem Wahnsinn nahe. Willard soll diesen verrückten Colonel beseitigen – zu Wagners Walkürenritt und Kilgores Ruf: »Ich liebe den Geruch von Napalm im Morgengrauen.« Regisseur Francis Ford Coppola machte klar, was er mit diesem Film beabsichtigt hatte: »*Apocalypse Now* wurde genauso produziert wie Amerika in Vietnam kämpfte: Wir hatten viel Geld, viel Material und trotzdem keinerlei Kontrolle über das, was im Dschungel geschah.« In diese Kategorie gehören auch die Filme *Full Metal Jacket* (1987) von Stanley Kubrick, *Hamburger Hill* (1987) und *Casualties of War* (*Die Verdammten des Krieges*) von Brian de Palma (1989) oder *Hanoi Hilton* (1987), in dem das Leiden amerikanischer Kriegsgefangener im Gefängnis von Hanoi dargestellt wurde. *Im Käfig der Erinnerung* entstand 1985: Der Chirurg Jeff und seine Frau Sally werden während des Vietnamkrieges getrennt. Sally bleibt vermisst. Jeff eröffnet nach der Heimkehr eine Praxis und verliebt sich in Shauna. Nach zehn Jahren kommt Sally, als Gefangene entlassen, heim.

In die »Heldenkategorie« gehört *Rambo*, der in den achtziger Jahren zur Kult- und Identifikationsfigur wurde. Hier wurde auch die Ehre der Veteranen wiederhergestellt, wenn Rambo in der Schlussszene sagt: »Ich will, dass unser Land uns genauso liebt, wie wir es lieben.« In *Uncommon Valor* (*Die verwegenen Sieben*, 1983) wird der Krieg verdrängt und nachträglich sogar fast gewonnen. Anders *Welcome Home, Soldiers Boys* oder *Taxi Driver* (1976), mit Robert De Niro als Vietnamveteran, der sich zu Hause nicht mehr zurechtfindet.

Oliver Stone, selbst ein Vietnamveteran, gehört zu den großen Regisseuren der Vietnamfilme. Es begann mit *Platoon* (1986). Der US-Student Chris Taylor meldet sich 1967 freiwillig nach Vietnam und erlebt im Dschungelkrieg die Brutalisierung seiner Kameraden, die sich vor der furchtbaren Wirklichkeit in Alkohol, Drogen und stumpfe Gleichgültigkeit flüchten. 1989 folgte *Born on the 4th of July* (*Geboren am 4. Juli*), das sich auf das Buch des gelähmten Vietnamveteranen Ron Kovic stützt. Der Film – mit Tom Cruise in der Hauptrolle – erzählt dessen Lebensgeschichte, die Geschichte eines Mannes, der voller Ideale und Patriotismus nach Vietnam geht, dort querschnittgelähmt wird und sich nach seiner Heimkehr aktiv in der Antikriegsbewegung betätigt. So gesehen ist der Film eine Mischung aus

Rechtfertigung, Wiedergutmachung und Aufarbeitung des Krieges. Fortsetzung fand dies 1993 im dritten Film von Oliver Stone, *Heaven and Earth*, der die Geschichte der Vietnamesin Le Ly erzählt, die den Krieg in ihrer Heimat und in den USA erlebt.

Einer der besten Filme handelt nicht von Südvietnam, sondern von Kambodscha: *The Killing Fields* (*Schreiendes Land*) von Roland Joffe aus dem Jahr 1984. Der Film spielt in Phnom Penh 1975: US-Kriegsreporter Sidney Schonberg (Sam Waterson) und sein kambodschanischer Mitarbeiter Dith Pran (Haing S. Ngor) berichten bis zuletzt über den Einmarsch der Roten Khmer und den Völkermord. Im Jahr 2004 wurde noch einmal *Der stille Amerikaner* nach Graham Greene verfilmt. Ein Vergleich mit dem ersten gleichnamigen Film aus dem Jahre 1958 bietet sich hier an. Unvergessen ist der Meilenstein der Antikriegsbewegung, *Woodstock* aus dem Jahre 1970, durch den Antikriegssongs populär wurden. Bemerkenswert ist auch, dass man amerikanische Vietnamkriegsfilme heutzutage in Saigon an jeder Straßenecke in jedem Videoladen ausleihen kann.

Ganz aktuell und bemerkenswert ist der Dokumentarfilm *The Fog of War* von Errol Morris aus dem Jahr 2004, der mit großem Erfolg in amerikanischen Kinos lief und einen Oscar gewann. Es ist das ungewöhnlich intensive Porträt des mittlerweile 87-jährigen Robert McNamara, mit Archivaufnahmen eines jüngeren McNamara im Bombenkrieg gegen Japan, aber vor allen Dingen auch Gedanken und Überlegungen des alten, »geläuterten« McNamara zum Vietnamkrieg. Der Nebel steht für Blindheit im Krieg, mit der auch McNamara einst geschlagen war.

ZEITTAFEL

1859	Franzosen besetzen Saigon.
1883–1954	Französische Kolonie Indochina (Vietnam, Kambodscha, Laos).
1930, 3. Februar	Gründung der »Kommunistischen Partei Vietnams« durch Ho Chi Minh.
1941, März	Vertrag von Tokio. Indochina wird Teil des militärischen Machtbereichs Japans.
Mai	Gründung der Vietminh = Front für den Kampf um die Unabhängigkeit Vietnams.
1944, Dezember	Gründung der Revolutionsarmee durch General Giap.
1945, 9. März	Japan beendet die französische Kolonialverwaltung.
12. April	Tod von US-Präsident Franklin D. Roosevelt; Harry S. Truman Nachfolger.
16. August	Provisorische Regierung unter Ho Chi Minh (»August Revolution«).
2. September	Kapitulation Japans. Ho Chi Minh ruft in Hanoi die Demokratische Republik Vietnam (DRV) aus.
11. November	Ho Chi Minh löst die kommunistische Partei auf.
1946, 6. März	Frankreich erklärt Vietnam zum unabhängigen Staat innerhalb der Französischen Union (Ho-Sainteny-Abkommen).
Mai	Beginn der Fontainebleau-Konferenz (bis September).
Juni	d'Argenlieu proklamiert den Staat Cochinchina.
23. November	Französische Marine bombardiert Haiphong; 6000 Tote.
19. Dezember	Beginn des Indochinakrieges.
1948, 5. Juni	Frankreich setzt Kaiser Bao Dai als Staatschef Vietnams ein.
1949, 8. März	Elysée-Vertrag; Vietnam wird »assoziierter Staat« innerhalb der Französischen Union.
29. August	Sowjetischer Atombombenversuch.
1. Oktober	Sieg der Kommunisten in China.
1950, 25. Juni	Ausbruch des Koreakrieges.
Juli	US-Militär- und Wirtschaftshilfe für Frankreich in Indochina.
September	US-Military Assistance and Advisory Group, Indochina (1955 umbenannt).

23. Dezember	Verteidigungsabkommen der USA mit Frankreich, Vietnam, Kambodscha und Laos.
1954, 7. Mai	Französische Niederlage bei Dien Bien Phu.
8. Mai – 21. Juli	Genfer Indochinakonferenz.
12. August	NSC 5429 / 2 für Südostasien.
8. September	Gründung der Südostasiatischen Verteidigungsorganisation (SEATO) (bis 30. 6. 1977).
	Regierungschef in Südvietnam ist der von den USA unterstützte Ngu Dinh Diem.
Oktober	Abzug der letzten französischen Truppen aus Nordvietnam.
1955, 1. Nov.	US-Military Assistance and Advisory Group-Vietnam (MAAG-V).
1956, 26. April	Abzug der letzten französischen Truppen aus Südvietnam.
1960, 20. Dez.	Nationale Befreiungsfront Südvietnams (NLF).
1962, 8. Februar	US-Military Assistance Command, Vietnam (MACV).
1963, 2. Januar	bei Ap Bac trotz großer Überlegenheit Niederlage der südvietnamesischen Armee gegen die Vietcong.
seit Juni	Demonstrationen und erste Selbstverbrennungen buddhistischer Mönche in Südvietnam.
1. November	Diem wird gestürzt, nach der Flucht erschossen.
22. November	US-Präsident John F. Kennedy ermordet.
31. Dezember	Etwa 16 300 US-Soldaten in Vietnam.
1964, 2. August	Tonking-Zwischenfall.
4. August	Angeblich zweiter Zwischenfall; US-Luftangriffe gegen Nordvietnam.
7. August	Tonking-Resolution.
1965, 7. Februar	Operation »Flaming Dart«: US-Luftangriffe gegen Nordvietnam.
2. März	Beginn des US-Bombenkrieges gegen Nordvietnam: Operation »Rolling Thunder«.
8. März	Landung von US-Marines in Da Nang.
28. Juli	US-Präsident Lyndon B. Johnson entscheidet sich für massiven Militäreinsatz der USA.
31. Dezember	etwa 184 300 US-Soldaten in Vietnam.
1966, 31. Dez.	etwa 385 200 US-Soldaten in Vietnam.
1967, 31. Dez.	etwa 485 600 US-Soldaten in Vietnam.

1968, 30. Januar	Tet-Offensive.
16. März	My Lai-Massaker.
31. März	Johnson verkündet teilweisen Bombenstopp; Verzicht auf zweite Kandidatur.
4. April	Martin Luther King wird ermordet.
12. Mai	Beginn der Friedensverhandlungen in Paris.
5. Juni	Attentat auf Robert F. Kennedy, der am nächsten Tag stirbt.
31. Dezember	etwa 549 000 US-Soldaten in Vietnam (höchste Anzahl).
1969, 20. Januar	Richard M. Nixon neuer US-Präsident.
	»Vietnamisierung« des Krieges; d. h. Abzug der US-Truppen.
2. September	Ho Chi Minh stirbt.
15. Oktober	»Moratorium to End the War in Vietnam«: größte US-landesweite Protestaktion gegen den Krieg.
15. November	750 000 protestieren in Washington, D.C.; 250 000 in San Francisco.
1970, 30. April	US-Invasion Kambodschas.
Mai	Antikriegsdemonstrationen; vier Studenten der Kent State University und zwei des Jackson State College werden von der Nationalgarde erschossen.
1971, 8. Februar	Südvietnamesische Truppen mit US-Luftunterstützung in Südlaos (Operation »Lam Son 719«).
13. Juni	»Pentagon-Papers« in der New York Times veröffentlicht.
31. Dezember	etwa 157 000 US-Soldaten in Vietnam.
1972, 21.–28. Feb.	Nixon in Peking.
30. März	Kommunistische »Osteroffensive«: B-52-Angriffe: »Linebacker I« (Mai bis Oktober).
26. Mai	Nixon in Moskau.
23. Juni	»Watergate«-Einbruch.
11. Oktober	Vereinbarung zwischen Kissinger und den Nordvietnamesen in Paris.
7. November	Wiederwahl von Richard M. Nixon (63 %).
18.–29. Dezember	»Weihnachts-Bombardement« auf Hanoi (»Linebacker II«).
31. Dezember	etwa 24000 US-Soldaten in Vietnam.

1973, 27. Januar	Die USA, Südvietnam, Nordvietnam und die Provisorische Revolutionsregierung Südvietnams unterzeichnen in Paris das »Abkommen über die Beendigung des Krieges und die Wiederherstellung des Friedens in Vietnam«.
28. Januar	Ende der Wehrpflicht in den USA.
29. März	Der letzte US-Soldat verlässt Südvietnam.
14. August	Ende aller US-Operationen in Indochina.
7. November	War Powers Act.
1974, 9. August	Rücktritt von US-Präsident Richard M. Nixon. Nachfolger wird Gerald R. Ford.
September	Präsident Gerald Ford unterschreibt Gnadenerlass für Nixon.
November	Leutnant Calley (»My Lai«) aus der Haft entlassen.
1975, 30. April	Nordvietnamesische Truppen marschieren in Saigon ein; bedingungslose Kapitulation.
1977, 20. Januar	Jimmy Carter neuer US-Präsident; amnestiert die meisten Kriegsdienstverweigerer (»draft evaders«).
1978, 25. Dez.	Vietnam besetzt Kambodscha (bis 26. 9. 1985).
1979, Feb. – März	China greift Vietnam an.
1981	Ronald Reagan neuer US-Präsident.
1982, 11. Nov.	Eröffnung des Vietnam Veterans Memorial in Washington, D. C.
1984, Nov.	Nach Protesten von Veteranen werden die Statuen von drei Soldaten dem Vietnam Veterans Memorial hinzugefügt.
1995	Diplomatische Beziehungen zwischen den USA und Vietnam.
1997	Austausch von Botschaftern.
2004	John Kerry, Senator, hochdekorierter Vietnamveteran und späterer Kriegsgegner, ist Kandidat der Demokratischen Partei und Herausforderer von George W. Bush bei den Präsidentschaftswahlen im November.

GLOSSAR

Abnutzungsstrategie (Attrition Strategy) – Von General Westmoreland entwickelte – erfolglose – Strategie im Vietnamkrieg, auch als »Bodycount« bekannt. Die Kommunisten sollten so geschwächt werden (»search and destroy«), dass sie am Ende ihre Verluste nicht mehr ausgleichen konnten und aufgeben würden. *s. S. 34*

Agent Orange – Hochgiftiges Entlaubungsmittel, benannt nach der Farbe einer Musikkapelle, die ihre Trommeln so gekennzeichnet hatte. Von 1962 bis 1970 versprühte die US-Luftwaffe in der »Operation Ranchhand« etwa 50 Millionen Liter. Damit sollten Wälder entlaubt werden, in denen die Kommunisten operierten, und Ernten vernichtet werden. Verheerende Langzeitschäden bei Menschen (Missbildungen, Krebs etc.). 1984 wurden betroffenen GIs von der US-Regierung 180 Mio. Dollar zugesprochen; seit 1997 unterstützt das Department of Veteran Affairs missgebildete Kinder von Veteranen. *s. S. 4, 36*

Augustrevolution – Machtübernahme der Vietminh am 19. August 1945 in Hanoi und am 24. August in Saigon. *s. S. 8*

Boat People – Südvietnamesische Flüchtlinge in mehreren Phasen: Im Frühjahr 1975 versuchten 60 000 Flüchtlinge, Schiffe der 7. US-Flotte zu erreichen: Operation »Frequent Wind«. 1979 war von 100 000 Flüchtlingen die Rede; in den USA wurden bis 1995 insgesamt 480 000 Vietnamesen aufgenommen. *s. S. 59*

Bodycount – ▸ Abnutzungsstrategie.

»Charlie« – Bezeichnung der Vietcong durch die GIs.

Christmas bombing – US-Luftangriffe Weihnachten 1972; ▸Linebacker II.

Chu Chi – ▸Tunnel von Chu Chi.

CYA – »cover your ass«: GI-Parole ab 1970. *s. S. 45*

De Soto – US-Unterstützung für OPLAN 34A. *s. S. 82f.*

Deer Mission – Operation des US-Geheimdienstes OSS von Juli / August 1945 in Indochina. *s. S. 7, 9, 66f.*

Demokratische Republik Vietnam – Am 2. 9. 1945 von Ho Chi Minh in Hanoi ausgerufen. *s. S. 16,69*

Dien Bien Phu – Ort im Nordwesten Vietnams, wo Frankreich nach 54 Tagen Belagerung am 7. Mai 1954 eine vernichtende Niederlage erlitt; bedeutete das Ende der französischen Kolonialherrschaft in Indochina. *s. S. 17f., 32, 70ff., 85f., 101, 106*

Dominotheorie – Von US-Präsident Eisenhower am 7. April 1954 verkündet: Wenn ein Staat »fällt«, d. h. kommunistisch wird, fallen die Nachbarstaaten wie Dominosteine. Für Ostasien hieß das: Falls Südvietnam kommunistisch wird, werden auch die umliegenden Staaten kommunistisch. Eisenhower billigte nach der Genfer Konferenz das entsprechende Strategiepapier NSC 5429/2. *s. S. 18, 25, 62*

Duck Hook – 1969: Codename für eventuell entscheidenden Militärschlag gegen Nordvietnam. *s. S. 38, 40*

Entmilitarisierte Zone – 17. Breitengrad; ▸Genfer Indochinakonferenz. *s. S. 53ff., 81, 91*

»Flaming Dart« – ▸Operation. *s. S. 29, 106*

Fragging – Töten von Vorgesetzten (Offizieren) durch die eigenen Leute.

Genfer Indochinakonferenz – 7. 5. – 21. 7. 1954 in Genf: Ende der französischen Kolonialherrschaft in Indochina; Vietnam vorübergehend am 17. Breitengrad geteilt. *s. S. 47, 72f., 106*

Hamburger Hill (Battle of Ap Bia Mountain) – Eine der blutigsten Schlachten des Vietnamkrieges (11. – 20. Mai 1969), Teil der Operation »Apache Snow«. Reguläre Truppen der nordvietnamesischen Armee stellten sich dem Kampf – was eher selten vorkam. Dies führte zu einer »Fleischwolfschlacht« (»Meat-Grinder Battle«), was die GIs »Hamburger Hill« nannten. *s. S. 45f., 103*

»Hanoi Hilton« – Ironische Bezeichnung des Gefängnisses für US-Kriegsgefangene in Hanoi; heute steht an dieser Stelle ein Hotel. *s. S.63, 103*

»Hanoi Jane« – Jahrelang abschätzige Bezeichnung für Jane Fonda, die sich während des Christmas bombing 1972 in Hanoi aufhielt und dort antiamerikanische Propaganda betrieb. 1988 entschuldigte sie sich im US-Fernsehen. *s. S. 102*

»Helgoland« – BRD-Hospitalschiff in Vietnam.

Ho Chi Minh-Offensive – Nordvietnamesische Offensive im Frühjahr 1975; führte zur schnellen Niederlage Südvietnams. *s. S. 58*

Ho Chi Minh-Pfad – Straßennetz, das sich von Nordvietnam durch Ostlaos nach Südvietnam erstreckte; Hauptnachschublinie für die

Gegner Südvietnams. Über diesen »Pfad« sickerten ab 1960 nordvietnamesische Truppen in den Süden. In den folgenden Jahren wurde der »Pfad« immer weiter ausgebaut und erreichte schließlich eine Länge von 2000 Kilometern; es gab versenkbare Brücken, unterirdische Reparaturwerkstätten etc. Er war 1966 »eines der größten ungelösten Probleme« (McNamara). Die Operation »Commando Hunt« sollte 1968 dieses Problem lösen. Vergeblich. 1970 waren angeblich 9012 Lastwagen zerstört, während die CIA zur gleichen Zeit die Gesamtzahl aller Lastwagen in Nordvietnam auf nur 6000 schätzte! Ende 1970 verteidigten 70 000 nordvietnamesische Soldaten den »Pfad«, jeden Monat wurden etwa 8000 Soldaten und über 10 000 Tonnen Material in den Süden geschafft. Am 31. März 1972 endete die Operation »Commando Hunt VII«. *s. S. 42f., 81*

»Jaunissement« (»Yellowing«) – Französische Bezeichnung für die Vietnamisierung Anfang der Fünfziger. Die französische Indochinaarmee wurde »gelb gefärbt«: Aufstellung vietnamesischer Einheiten unter vietnamesischem Kommando.

Kambodscha-Invasion (»Incursion«) – Mai / Juni 1970; kombinierte Operation amerikanischer und südvietnamesischer Truppen in das neutrale Kambodscha, um Rückzugsgebiete der Kommunisten und möglicherweise deren Hauptquartier zu zerstören; das Unternehmen scheiterte und führte zu weitgehenden Konsequenzen für Kambodscha. *s. S. 41, 43, 107*

Khe Sanh – 1968: Nordvietnamesische Belagerung. *s. S. 3, 81, 86, 88*

Linebacker I, II – ▸ Operation. *s. S. 49ff., 54f., 107f.*

MAAG – Seit September 1950: US-Military Assistance and Advisory Group, Indochina; wird 1955 zu MAAG, Vietnam. *s. S. 106*

MACV – Seit Februar 1962 Military Assistance Command, Vietnam (»MacVee«). *s. S. 24, 106*

MIA – Missing in Action. *Vermisste Amerikaner*: etwa 2500. Unter Präsident Carter wurden im Jahre 1977 vom Pentagon etwa 1000 als »killed in action / body not recovered« (KIA / BNR) geführt. Unter dem Druck der National League of Families of American Prisoners and Missing in Southeast Asia änderte der Kongress dies zurück in MIA / POW (Missing in Action / Prisoners of War). Unter Präsident Reagan wurde eine eigene MIA-Flagge entworfen; 1990 hatten alle 50 US-Staaten einen »MIA / POW Recognition Day«; es gab eine eigene Briefmarke; Kongressausschuss unter John Kerry. 1996 wurde die Zahl 2143 MIA in Südostasien, davon 1600 in Vietnam, genannt; ▸ auch POW. *Vermisste Vietnamesen*: etwa 300 000, einhundertfünfzigmal so viele wie bei den Amerikanern. Wurde erst nach Ende des Krieges ein Thema. Zuvor hatte es für nordvietnamesische Angehörige lediglich folgende Mitteilung der Regierung gegeben: »Vietnamesischer Märtyrer im Kampf gegen Amerika.«

My Lai – 16. März 1968, US-Massaker. *s. S. 44, 100, 107f.*

'Nam – Bezeichnung Vietnams durch die GIs.

NLF – National Liberation Front (Nationale Befreiungsbewegung); Dezember 1960 Sammelbewegung im Kampf gegen Diem; ▸ auch Vietcong. *s. S. 106*

Operation »Castor« – Führte zur französischen Niederlage in Dien Bien Phu. *s. S. 18, 70*

Operation »Flaming Dart« (»Flammender Pfeil«) – Februar 1965: US-Luftangriffe gegen Nordvietnam. *s. S. 29, 106*

Operation »Lam Son 719« – Februar 1971: Südvietnamesische Operation in Laos, mit US-Luftunterstützung. *s. S. 107*

Operation »Linebacker I« – Luftangriffe gegen nordvietnamesische »Osteroffensive« 1972 (Mai bis Oktober). *s. S. 49 ff., 107*

Operation »Linebacker II« – Dezember 1972: »Weihnachtsbombardement« auf Hanoi. *s. S. 54 f., 108*

Operation »Menu« – 18. 3. 1969 – 26. 5. 1970: streng geheim durchgeführte Bombardierung Kambodschas. *s. S. 38*

Operation »Niagara« – Massiver Bombenabwurf während der Belagerung von Khe Sanh 1968. *s. S. 86*

Operation »Passage to Freedom« – Umsiedlung von etwa 900 000 bis eine Million Nordvietnamesen nach der Genfer Indochinakonferenz; die Mehrheit von ihnen waren Katholiken, die das Regime Diem stützen sollten. Diem nannte dies die Operation »Exodus«.

Operation »Rolling Thunder« – US-Bombenkrieg gegen Nordvietnam, März 1965 bis Oktober 1968. *s. S. 29 ff., 50, 106*

Operation »Vulture« – US-Intervention in Dien Bien Phu: nicht durchgeführt. *s. S. 71*

Oplan 34A – Operation Plan 34A; 1964 von der CIA organisierte südvietnamesische Sabotageoperationen in Nordvietnam; ▸ auch De Soto. *s. S. 82*

OSS – Office of Strategic Services; seit 1942 US-Geheimdienst, Vorläufer der 1947 gegründeten CIA. *s. S. 7, 9 f., 66 f.*

Pariser Abkommen – Abkommen über die Beendigung des Krieges und die Wiederherstellung des Friedens in Vietnam. Am 27. Januar 1973 in Paris unterzeichnet. *s. S. 56 ff.*

Pentagon Papers – Dokumentensammlung auf Anordnung von Verteidigungsminister Robert McNamara; zeigt die Verwicklung der USA seit 1945; von D. Ellsberg der Presse zugespielt. Erste Veröffentlichung im Juni 1971 in der New York Times. *s. S. 44 f., 89, 100, 107*

»Phoenix« – Seit 1967 geheimes Programm der CIA zur Tötung von Vietcong in Südvietnam.

POW – Prisoner of War, Kriegsgefangener. Im März 1973 entließ Nordvietnam 591 amerikanische Kriegsgefangene. Präsident Nixon erklärte am 29. 3. 1973, dass »alle unsere Kriegsgefangenen auf dem Weg in die Heimat sind«. Zweifel blieben, da die Zahl zu niedrig schien; ▸ auch MIA.

PTSS (Post-Traumatic Stress Disorder) – Angstgefühle, Depressionen, Selbstmorde, Albträume, plötzliche Gewaltausbrüche; findet sich bei allen Kriegsveteranen; stärker vertreten bei Vietnamveteranen – angesichts der Besonderheiten des Krieges (365 Tage im Einsatz, Guerillakrieg, moralische Rechtfertigung des Krieges, Empfang bzw. Reaktionen in der Heimat etc.); 500 000–800 000 Veteranen, etwa 20 % der Soldaten, litten und leiden daran.

Rolling Thunder – ▸ Operation. *s. S. 29 ff., 50, 106*

SEATO – South East Asia Treaty Organization: USA, Großbritannien, Frankreich, Australien, Neuseeland, Thailand, Pakistan; die »NATO Südostasiens«; gegründet 1954. *s. S. 18, 80, 106*

»search and destroy« – ▸ Abnutzungsstrategie. *s. S. 45*

Sekten – Cao Dai und Hoa Hao: beherrschen in den Fünfzigern weite Teile des Mekong-Deltas und andere Gebiete Cochinchinas; Binh Xuyen kontrolliert Opiumhandel, Prostitution, Polizei etc. in Saigon.

Strategic Hamlet Program – Vom britischen Anti-Guerilla-Experten Robert Thompson in Malaya entwickelt und von Diem 1961 zunächst ohne Amerikaner begonnen. Dieses »Wehrdorfkonzept« scheiterte ebenso wie das Agroville-Programm an Korruption und dem Versuch, die Dorfbevölkerung umzusiedeln.

Teach-Ins, Sit-Ins – Aktivitäten der Antikriegsbewegung. *s. S. 94*

Tet-Offensive – 30. 1. 1968: Großangriff von Vietcong und Nordvietnamesen; militärische Niederlage der Kommunisten; führt dennoch zur Wende im Krieg. *s. S. 35, 85ff., 93, 98, 107*

Tokio, Vertrag von – März 1941; abgeschlossen zwischen Japan und Vichy-Frankreich. *s. S. 105*

Tonking Resolution – Vom US-Kongress am 7. 8. 1964 verabschiedet; 1970 aufgehoben. *s. S. 26, 79ff., 106*

Tonking-Zwischenfall – Am 2. 8. 1964; der behauptete zweite Zwischenfall am 4. 8. 1964 hat vermutlich nie stattgefunden. *s. S. 3, 106*

Tunnel von Chu Chi – Ein weit verzweigtes System unterirdischer Gräben und Stollen von Vietminh / Vietcong, 35 km westlich von Saigon. Die ersten Tunnel wurden 1948 im Kampf gegen Frankreich in den Lehmboden getrieben; später gingen sie bis vor die Tore Saigons, mit mehreren Stockwerken, bis zu 20 Meter tief. Es gab Lazarette,

Konferenzräume, Schlafsäle etc. Das Hauptquartier der 25. US-Division befand sich in Chu Chi; nach Entdeckung der Tunnel wurde das Gebiet zur »Free Fire Zone« erklärt. Auch den »Tunnelratten«, Spezialeinheiten kleingewachsener Soldaten – mit Schäferhunden –, gelang es nicht, die Tunnelanlagen zu neutralisieren. Heute eine beliebte Touristenattraktion mit Schießstand; ein Schuss ein Dollar; noch vor zehn Jahren gab es für fünf Dollar als Souvenir aus Munition zusammengeschweißte kleine Düsenflugzeuge!! Außerdem – für zehn Dollar – eine erstaunlich objektive Videodokumentation über den Krieg. Auf dem Weg dorthin sieht man in der Landschaft fast ausschließlich Gestrüpp, wo einst üppige Wälder standen: auch Folgen von Agent Orange.

VC – ▸Vietcong.

Vietcong – Vietnamese Communists (»VC«); US-südvietnamesische Bezeichnung für Mitglieder der NLF. *s.S. 23, 28f., 31f., 34f., 78, 81, 85, 87ff., 99, 106*

Vietminh – Populäre Bezeichnung für Viet Nam Doc Lap Dong Minh (Front für den Kampf um die Unabhängigkeit Vietnams, gegründet im Mai 1941), ab 1945/46 mehrheitlich kommunistisch. *s.S. 7ff., 15, 17f.,66ff., 70, 73, 92, 105*

Vietnam-Syndrom, Vietnam-Trauma – Ergebnis des ersten verlorenen Krieges der USA, wobei die Umstände, die zur Niederlage führten, einen besonders gravierenden Eindruck in der amerikanischen Öffentlichkeit hinterließen und die außenpolitischen Entscheidungen der Präsidenten der nachfolgenden Jahrzehnte bestimmten. Das betraf insbesondere militärische Auslandseinsätze (»No more Vietnams!«). Mit dem Golfkrieg 1991 schien das Syndrom überwunden zu sein, im Irakkrieg 2003/04 spielte es öffentlich wieder eine Rolle (Vergleich Tonking-Resolution – angebliche Massenvernichtungswaffen; George W. Bushs Vietnam). *s. S. 3, 62*

Vietnamisierung – ab 1968 / 69 Reduzierung des militärischen US-Engagements; Übernahme durch die südvietnamesische Armee; führte zur »Vietnamisierung der Särge«. *s. S. 38, 40, 43, 45 f., 51, 91, 96, 107*

VVAW – Vietnam Veterans Against the War; 1967 gegründet, Sprecher war später John Kerry, 2004 Präsidentschaftskandidat der Demokratischen Partei. *s. S. 100*

War Powers Act – 1973 vom US-Kongress verabschiedet. Damit wird jedem US-Präsidenten eine militärische Intervention im Ausland erschwert. *s. S. 57, 108*

Watergate – Apartment- und Hotelanlage in Washington, D. C., wo sich 1972 das Wahlkampfbüro der Demokratischen Partei befand; ein Einbruch dort löste den »Watergate-Skandal« aus, der wiederum zur Schwächung und letztlich zum Rücktritt Nixons führte. *s. S. 45, 57, 107*

»Wise Men« – Gruppe erfahrener Diplomaten und Militärs, die Präsident Johnson dreimal zusammenrief (Juli 1965, November 1965, 25. März 1968). Zu ihnen gehörten Dean Acheson, George W. Ball, McGeorge Bundy, Douglas Dillon, Cyrus Vance, Arthur Dean, John J. McCloy, General Omar Bradley, General Matthew Ridgway, General Maxwell Taylor, Robert Murphy, Henry Cabot Lodge Jr., Abe Fortas, Arthur Goldberg. Eine Mehrheit von ihnen empfahl im März 1968, das Engagement in Südvietnam zu beenden. *s. S. 91*

PERSONENREGISTER

Abrams, Creighton (1914–1974) – US-General, Nachfolger von General Westmoreland als Oberbefehlshaber in Vietnam 1968–1972 *s. S. 41, 49*

Acheson, Dean G. (1893–1971) – US-Außenminister 1949–1953 *s. S. 10, 16, 90*

Agnew, Spiro T. (1918–1996) – US-Vizepräsident 1969–1973 *s. S. 40*

Ali, Muhammad (geb. 1942) – Schwergewichtsboxweltmeister, prominenter Kriegsdienstverweigerer 1967 *s. S. 99*

Baez, Joan C. (geb. 1941) – US-Sängerin und Antikriegs-Aktivistin *s. S. 96*

Ball, George (1909–1994) – Unterstaatssekretär im State Department 1961–1966 *s. S. 32, 76, 79, 90f.*

Bao Dai (1913–1997) – Vietnams letzter Kaiser, Präsident 1949–1955 *s. S. 8, 15f., 19f.*

Bidault, Georges (1899–1983) – französischer Ministerpräsident 1946, 1949/50, Außenminister 1954 *s. S. 13*

Blum, Léon (1872–1950) – französischer Ministerpräsident 1946 *s. S. 14, 64*

Bradley, Omar N. (1893–1981) – US-Armeegeneral, erster Vorsitzender der Vereinigten Stabschefs 1949–1953, 1968 einer der »Wise Men« *s. S. 90*

Breschnew, Leonid I. (1906–1982) – Generalsekretär der KPdSU 1964–1982, Vorsitzender des Präsidiums des Obersten Sowjet 1972–1982 *s. S. 49f.*

Bundy, McGeorge (1919–1996) – Nationaler Sicherheitsberater 1961–1966 *s. S. 25, 28, 30, 76*

Cabot Lodge, Henry Jr. (1902–1985) – US-Botschafter in Saigon 1963/64, 1965–1967 *s. S. 27, 75, 90*

Calley, William (geb. 1943) – US-Leutnant, verantwortlich für das Massaker von My Lai *s. S. 44, 100, 108*

Churchill, Winston S. (1874–1965) – britischer Premierminister 1940–1945, 1951–1955 *s. S. 24, 72*

Clifford, Clark M. (1906–1988) – US-Verteidigungsminister 1968/69 *s. S. 89 f.*

Clinton, William J. (Bill) (geb. 1946) – US-Präsident 1993–2001 *s. S. 63*

Cronkite, Walter (1916) – Anchorman der CBS *s. S. 88*

D'Argenlieu, Georges Thierry (1889–1964) – erster französischer Hochkommissar in Indochina nach 1945 *s. S. 10, 13, 69, 105*

De Gaulle, Charles (1890–1970) – französischer Staatspräsident 1958–1969 *s. S. 9 f., 12, 25, 79*

De la Croix de Castries, Christian (1902–1991) – französischer Kommandant in Dien Bien Phu *s. S. 70*

De Lattre de Tassigny, Jean (1889–1952) – französischer Oberbefehlshaber in Indochina 1950/51 *s. S. 51*

De Rhodes, Alexandre (1591–1660) – französischer Jesuit *s. S. 5*

Dewey, Peter – Chef einer OSS-Einheit in Vietnam, am 26. 9. 1945 in Saigon von Vietminh erschossen *s. S. 10*

Diem, Ngo Dinh (1901–1963) – Regierungschef Südvietnams 1954–1963 *s. S. 18 ff., 30, 60, 69, 74 ff., 106*

Dillon, Douglas (geb. 1909) – US-Finanzminister 1961–1963, 1968 einer der »Wise Men« *s. S. 90*

Dobrynin, Anatoly F. (geb. 1919) – sowjetischer Botschafter in Washington 1962–1986 *s. S. 50*

Doumer, Paul (1857–1932) – französischer Gouverneur in Indochina 1897–1902 *s. S. 5 f.*

Dulles, John Foster (1888–1959) – US-Außenminister 1953–1959 *s. S. 18, 20, 22 f., 72 f.*

Eden, Anthony (1897 – 1977) – britischer Außenminister 1940–1945, 1951–1955, Premierminister 1955–1957 *s. S. 72*

Ehrlichmann, John – Berater im Weißen Haus 1971, mitverantwortlich für »Watergate« *s. S. 45*

Eisenhower, Dwight D. (1890–1969) – US-Präsident 1953–1961 *s. S. 18 ff., 32, 37, 72*

Ellsberg, Daniel (geb. 1931) – Pentagon-Mitarbeiter *s. S. 44, 100*

Ely, Paul Henri R. (1897–1975) – französischer Generalstabschef, Hochkommissar und Oberkommandierender der französischen Truppen in Indochina *s. S. 71*

Ferry, Jules (1832–1893) – französischer Ministerpräsident 1879 *s. S. 5*

Fonda, Jane S. (geb. 1937) – radikale Antikriegsaktivistin *s. S. 102*

Ford, Gerald R. (geb. 1913) – US-Präsident 1974–1977 *s. S. 58, 63, 108*

George III. (1738–1820) – britischer König *s. S. 2*

Giap, Vo Nguyen (geb. 1911) nordvietnamesischer Verteidigungsminister *s. S. 7f., 12, 14f., 17, 22, 48, 60, 70, 84ff., 105*

Goldberg, Arthur J. (1908–1990) – US-Arbeitsminister 1961–1962, Richter am Supreme Court 1962–1965, Botschafter bei der UNO 1965–1968, 1968 einer der »Wise Men« *s. S. 90*

Goldwater, Barry M. (1909–1998) – US-Senator 1953–1965, 1969–1987, republikanischer Präsidentschaftskandidat 1964 *s. S. 82ff., 97*

Gruening, Ernest (1887–1974) – US-Senator 1959–1969, stimmte 1964 gegen die Tonking-Resolution *s. S. 84*

Harriman, W. Averell (1891–1986) – Leiter der US-Delegation in Paris 1968 *s. S. 91*

Heath, Donald – US-Botschafter in Saigon 1954 *s. S. 20*

Herrick, John – Kommandant des US-Zerstörers »Maddox« *s. S. 83*

Hoagland, Paul – Arzt im »Deer Mission«- Team *s. S. 66*

Ho Chi Minh (1890–1969) – Führer der Vietnamesen, Präsident Nordvietnams 1945–1969 *s. S. 2, 6ff., 10, 12f., 19, 22, 37f., 42f., 58f., 64ff. 73, 81, 105, 107*

Hull, Cordell (1871–1955) – US-Außenminister 1933–1944 *s. S. 2*

Jefferson, Thomas (1743–1826) – Verfasser der amerikanischen Unabhängigkeitserklärung, US-Präsident 1801–1809 *s. S. 2*

Johnson, Lyndon B. (1908–1973) – US-Vizepräsident 1961–1963, Präsident 1963–1969 *s. S. 23, 25ff., 44, 51, 60, 62, 79f., 82ff., 88ff., 94, 96ff., 106f.*

Kattenberg, Paul (geb. 1922) – US-Indochina-Experte, bis 1964 Leiter der interministeriellen Arbeitsgruppe Vietnam im State Department *s. S. 76,78*

Kennedy, Edward M. (geb. 1932) – Bruder von J. F. Kennedy, seit 1964 Senator von Massachusetts, Gegner des Vietnamkrieges *s. S. 3*

Kennedy, John F. (1917–1963) – US-Präsident 1961–1963 *s. S. 3, 18 ff., 25, 32, 44, 62, 75 f., 78 f., 106*

Kennedy, Robert F. (1925–1968) – US-Justizminister 1961–1964, Senator 1965–1968 *s. S. 24, 90, 107*

Kerry, John F. (geb. 1943) – Kriegsheld und Vietnamveteran, Sprecher der »Vietnam Veterans Against the War« (VVAW), seit 1984 Senator von Massachusetts, Vorsitzender des US-Senatsausschusses für Kriegsgefangene und vermisste Soldaten (POW/MIA), 2004 demokratischer Präsidentschaftskandidat und Herausforderer von Präsident George W. Bush *s. S. 3, 100, 108*

Khanh, Nguyen (geb. 1927) – südvietnamesischer General, Chef der Regierungsjunta 1964 *s. S. 27 f.*

Kim Phuc (geb. 1963) – durch Napalm verletztes Mädchen auf dem berühmten Ut-Foto vom 8. 6. 1972 (s. Titelbild), wurde in BRD-Kliniken behandelt. Später als Antikriegssymbol (von Vietnam als Anti-USA-Symbol) benutzt, setzte sich 1992 in den Westen ab, seit 1997 UNESCO-Botschafterin, lebt heute in Kanada *s. S. 88*

King, Martin Luther Jr. (1929–1968) – Führer der US-Bürgerrechtsbewegung *s. S. 99,107*

Kissinger, Henry A. (geb. 1923) – Nationaler Sicherheitsberater der USA 1969–1973, US-Außenminister 1973–1977 s. S. 37 f., 42 ff., 47 ff., 55 f., 58, 107

Kossygin, Alexej N. (1904–1980) – sowjetischer Ministerpräsident 1964–1980 s. S. 29

Krulak, Victor H. (geb. 1913) – US-Marine Corps General, seit Februar 1962 bei den Joint Chiefs of Staff mitverantwortlich für verdeckte Operationen in Vietnam, 1964–68 Kommandeur des Fleet Marine Corps, Pacific *s. S. 78*

Laniel, Joseph (1889–1975) – französischer Ministerpräsident 1954 *s. S. 72*

Lansdale, Edward (1908 – 1987) – Chef der CIA in Saigon 1954–1957, an der dortigen US-Botschaft 1965–1968 *s. S. 20*

Le Duc Tho (1910–1990) – Verhandlungsführer der Nordvietnamesen in Paris *s. S. 37, 47, 51, 53, 55f.*

Leclerc, Jacques-Philippe (1902–1947) – französischer Oberbefehlshaber in Indochina 1945/46 *s. S. 11*

LeMay, Curtis E. (1906–1990) – US-General, Stabschef der Luftwaffe *s. S. 29*

Lindsay, John (1921–2000) – Bürgermeister von New York 1966–1973 *s. S. 40*

Lon Nol (1913–1985) – kambodschanischer General, putschte 1970, Präsident 1972–1975 *s. S. 42f.*

Luizet, Charles – Polizeipräfekt von Paris 1946 *s. S. 13*

Madame Nhu (geb. 1924) – Frau von Ngo Dinh Nhu, »First Lady« Südvietnams *s. S. 74f.*

Mao Tse-tung (1893–1976) – Führer der Volksrepublik China 1949–1976 *s. S. 16, 47, 64*

Martin, Graham A. (1912–1990) – US-Botschafter in Saigon 1973–1975 *s. S. 58*

McCarthy, Eugene J. (geb. 1916) – US-Senator 1959–1971 *s. S. 90*

McCloy, John J. (1895–1989) – 1968 einer der »Wise Men« *s. S. 90f.*

McGovern, George S. (geb. 1922) – US-Senator 1963–1981, demokratischer Präsidentschaftskandidat 1972 *s. S. 53*

McNamara, Robert (geb. 1916) – US-Verteidigungsminister 1961–1968 *s. S. 24, 26f., 31, 34,f., 63, 76, 78, 80, 84, 104*

Mendenhall, Joseph A. (geb. 1920) – im Ostasien-Büro des US-State Department, 1964 Direktor der Vietnam Working Group im State Department *s. S. 78*

Mendès-France, Pierre (1917–1982) – französischer Ministerpräsident 1954/55 *s. S. 20, 73f.*

Minh, Duong Van (geb. 1916) – »Big Minh«, einer der südvietnamesischen Putschgeneräle gegen Diem, dessen Nachfolger, Regierungschef 1975 *s. S. 27, 58, 79*

Molotow, Wjatscheslaw M. (1890–1986) – sowjetischer Außenminister 1939–1949, 1953–1956 *s. S. 74*

Morrison, Norman – Quäker, Antikriegsaktivist, verbrannte sich am 2. 11. 1965 vor dem Pentagon *s. S. 95*

Morse, Wayne L. (1900–1974) – US-Senator 1945–1969, stimmte 1964 gegen die Tonking-Resolution *s. S. 84 f., 95*

Moutet, Marius (1876–1968) – französischer Kolonialminister 1946 *s. S. 13, 69*

Navarre, Henry (1898–1983) – französischer Oberbefehlshaber in Indochina 1953/54 *s. S. 18*

Nhu, Ngo Dinh (1910–1963) – Diems jüngerer Bruder, Chef des Geheimdienstes *s. S. 75, 79*

Nixon, Richard M. (1913–1994) – US-Vizepräsident 1953–1961, US-Präsident 1969–1974 *s. S. 22, 24, 37 ff., 99, 107 f.*

Patti, Archimedes (geb. 1913) – OSS-Offizier im WK II *s. S. 68*

Peterson, Douglas (»Pete«) (geb. 1935) – Vietnam-POW und 1997 erster US-Botschafter in Hanoi nach Aufnahme diplomatischer Beziehungen 1995 *s. S. 63*

Pham Van Dong (geb. 1906) – Leiter der Vietminh-Delegation 1954 in Genf, Premierminister Nordvietnams 1950–1975 *s. S. 47, 73 f.*

Poincaré, Raymond (1860–1934) – Präsident Frankreichs 1913–1920 *s. S. 64*

Pol Pot (1928–1998) – »Steinzeitkommunist« Kambodschas, Premierminister 1976–1978 *s. S. 43, 63*

Radford, Arthur W. (1896–1973) – US-Admiral, Vorsitzender der Vereinigten Stabschefs 1953–1957 *s. S. 71*

Rattikone, Ouane – General, Oberkommandierender der Laotischen Armee *s. S. 92*

Reston, James – Journalist der New York Times*s. S. 23*

Rhodes, James A. (1909–2001) – Gouverneur von Ohio 1963–1989 *s. S. 99*

Ridgway, Matthew B. (1895–1993) – US-General, Vorsitzender der Vereinigten Stabschefs 1953–1955 *s. S. 71, 90f.*

Rogers, William P. (geb. 1913) – US-Außenminister 1969–1973 *s. S. 56*

Roosevelt, Franklin D. (1882–1945) – US-Präsident 1933–1945 *s. S. 2, 9, 105*

Rostow, Walt W. (1916–2003) – Vorsitzender des Politischen Planungsstabes im State Department (1961–1966), Nationaler Sicherheitsberater Johnsons 1966–1969, 1968 einer der »Wise Men« *s. S. 24, 35, 62, 90f.*

Rusk, Dean (1909–1994) – US-Außenminister 1961–1969 *s. S. 28, 33, 76, 90*

Sainteny, Jean (1907–1978) – französischer Verbindungsmann in Vietnam 1945/46 *s. S. 12, 105*

Sheehan, Cornelius M. (»Neil«) (geb. 1936) – veröffentlichte 1971 die »Pentagon-Papers« in der New York Times *s. S. 89*

Sihanouk, Norodom (geb. 1922) – kambodschanischer Prinz, Führer Kambodschas in verschiedenen Funktionen *s. S. 919, 42*

Snow, Edgar (1905–1972) – US-Journalist, Begleiter von Mao Tse-tung *s. S. 64*

Spock, Benjamin M. (1903–1998) – berühmter US-Kinderarzt, vehementer Antikriegs-Aktivist *s. S. 95*

Stalin, Josef W. (1879–1953) – sowjetischer Diktator 1929–1953 *s. S. 65*

Stewart, Michael (1906–1990) – britischer Außenminister 1965/66 und 1968 *s. S. 33*

Taylor, Maxwell D. (1901–1987) – Vorsitzender der US-vereinigten Stabchefs 1962–1964, Botschafter in Saigon 1964/65 *s. S. 24, 27ff., 32, 76, 78, 83*

Thich Wuang Duc (1897–1963) – erster südvietnamesischer Mönch, der sich am 11. Juni 1963 öffentlich selbst verbrannte *s. S. 74f.*

Thieu, Nguyen Van (geb. 1923) – Präsident Südvietnams 1967–1975 *s. S. 30, 40, 48, 51ff., 58*

Thomas, Allison Kent (geb. 1914) – Major, Chef der »Deer Mission« *s. S. 67*

Thorez, Maurice (1900–1964) – Führer der französischen Kommunisten *s. S. 15*

Trinh, Nguyen Thuy – nordvietnamesischer Außenminister 1973 *s. S. 56*

Trotzki, Leo D. (1879–1940) – sowjetischer Revolutionär *s. S. 65*

Truman, Harry S. (1884–1972) – US-Präsident 1945–1953 *s. S. 10, 12, 16, 67, 105*

Tschiang Kai-schek (1887–1975) – Regierungschef Chinas 1928–1949 *s. S. 12, 16, 65, 68*

Tschu En-lai (1898–1976) – Ministerpräsident seit 1949 und bis 1958 zugleich Außenminister der Volksrepublik China *s. S. 73f.*

Twining, Nathan F. (1897–1982) – US-General, Chef der Luftwaffe, Vorsitzender der Vereinigten Stabchefs 1957–1960 *s. S. 71*

Ut Huynh Cong (»Nick«) (geb. 1951) – Associated Press-Fotograf *s. S. 88*

Valluy, Jean-Etienne (1899–1970) – französischer Oberbefehlshaber in Indochina 1946 *s. S. 13f.*

Vance, Cyrus R. (1917–2002) – Stellvertretender US-Verteidigungsminister 1964–1967, 1968 Stellvertreter Harrimans bei den Friedensgesprächen in Paris *s. S. 118*

Westmoreland, William C. (geb. 1914) – US-General, Oberbefehlshaber in Südvietnam 1964–1968 *s. S. 32, 34, 59, 86, 88f., 97*

Weyand, Frederick C. (geb. 1916) – US-General, Oberbefehlshaber in Südvietnam Juli 1972–29. März 1973 *s. S. 57*

Wheeler, Earle G. (1908–1975) – US-Armeegeneral, Vorsitzender der Vereinigten Stabschefs 1964–1970 *s. S. 88*

Wilson, Harold (1916–1995) – britischer Premierminister 1964–1970, 1974–1976 *s. S. 33*

Wilson, Th. Woodrow (1856–1924) – US-Präsident 1913–1921 *s. S. 64*

Xuan Thuy (1912–1985) – nordvietnamesischer Chefunterhändler in Paris 1968–1970, Stellvertreter von Le Duc Tho in Paris 1970–1973 *s. S. 47f.*

Literaturhinweise

GESAMTDARSTELLUNGEN

1 Davidson, Philipp B.: Vietnam at War. The History: 1946–1975. New York / Oxford 1988.

2 Hall, Mitchell: The Vietnam War. New York 2000.

3 Herring, George C.: America‹s Longest War. The United States and Vietnam, 1950–1975. New York 2002/4 (mit einem Kapitel »9/11/01: The End of the Vietnam Syndrome?« Nur online unter http://highered.mcgraw-hill.com/sites/0072417552).

4 Karnow, Stanley: Vietnam. A History. 1. Auflage New York 1983.

5 Langguth, A. J.: Our Vietnam. The War 1954–1975. New York 2000.

6 Schulzinger, Robert D.: A Time for War. The United States and Vietnam, 1941–1975. New York / Oxford 1997.

7 Young, Marilyn B.: The Vietnam Wars 1945–1990. New York 1991.

NACHSCHLAGEWERKE

8 Tucker, Spencer C. (ed.): The Encyclopedia of the Vietnam War. Oxford / New York 2000.

DOKUMENTE

9 Foreign Relations of the United States, Washington, D.C., 1981-2003; mehrere Bände: Eisenhower (3), Kennedy (4), Johnson (7).

10 Gettleman, Marvin E. / Franklin, Jane / Young, Marylin B. / Franklin, H. Bruce (eds.): Vietnam and America: A Documented History. New York 1995.

11 Porter, Gareth (ed.): Vietnam. The Definitive Documentation of Human Decisions, 2 Bde. New York 1989 (Taschenbuchausgabe: Vietnam. A History in Documents. New York 1979.)

12 Young, Marilyn B. / Fitzgerald, John J. / Grunfeld, A. Tom (eds.): The Vietnam War. A History in Documents. Oxford / New York 2002.

FRANKREICH

13 Cable, James: The Geneva Conference of 1954 on Indochina. London 1986.

14 Dalloz, J.: The War in Indochina, 1945–1954. New York 1990.

15 Gardner, Lloyd C.: Approaching Vietnam: From World War II through Dienbienphu, 1941–1954. New York 1988.

16 Kaplan, Lawrence S. / Artaud, Denise / Rubin, Mark R. (eds.): Dien Bien Phu and the Crisis of Franco-American Relations, 1954–1955. Wilmington, Delaware 1990.

17 Marr, David G: Vietnam 1945. The Quest for Power. Berkeley 1995.

18 Shipway, Martin: The Road to War: France and Vietnam, 1944–1947. Oxford 1998.

EISENHOWER, KENNEDY, DIEM

19 Anderson, David L.: Trapped By Success: The Eisenhower Administration and the Vietnam War, 1953–1961. New York 1991.

20 Chomsky, Noam: Rethinking Camelot: JFK, the Vietnam War, and U.S. Political Culture. London 1993.

21 Freedman, Lawrence: Kennedy's Wars. Berlin, Cuba, Laos, and Vietnam. Oxford 2000.

22 Newman, J,: JFK and Vietnam: Deception, Intrigue, and the Struggle for Power. New York 1989.

23 Prados, John: JFK and the Diem Coup. 29 Dokumente im National Security Archive, Washington, D.C., 2003: online unter www.gwu/~nsarchiv/NSAEBB/NSAEBB101/index.htm

JOHNSONS KRIEG

24 Arnold, James R.: The Tet Offensive 1968. Botley 1990.

25 Beschloss, Michael (ed.): Taking Charge. The Johnson White House Tapes, 1963–1964. New York 1997.

26 Beschloss, Michael (ed.): Reaching for Glory. Lyndon Johnson's Secret White House Tapes, 1964–1965. New York 2001.

27 Gardner, Lloyd C: Pay Any Price: Lyndon B. Johnson and the Wars for Vietnam. Chicago 1995.

28 Hunt, Michael H.: Lyndon Johnson's War. America's Cold War Crusade in Vietnam, 1945–1968. New York 1996.

29 Moïse, Edwin: Tonkin Gulf and the Escalation of the Vietnam War. Chapel Hill, North Carolina 1996.

30 Oberdorfer, Don: Tet! The Turning Point in the Vietnam War. Baltimore 1971, 2001.

31 Steininger, Rolf: »The Americans are in a Hopeless Position.« Great Britain and the War in Vietnam, in: Diplomacy and Statecraft 7 (1996), pp. 404–435.

32 Ellsberg, Daniel: Secrets. A Memoir of Vietnam and the Pentagon Papers. New York 2002.

33 Reeves, Richard: President Nixon. Alone in the White House. New York 2001.

NORDVIETNAM

34 Duiker, William J.: Ho Chi Minh. New York 2000.

ANTIKRIEGSBEWEGUNG / FILME ETC.

35 Dittmar, Linda / Michaud, Gene (eds.): From Hanoi to Hollywood: The Vietnam War in American Film. New Brunswick, New Jersey, 1990.

36 Hunt, Andrew: The Tuning. A History of Vietnam Veterans Against the War. New York 2001.

37 Wells, Tom: The War Within: America's Battle over Vietnam. Berkeley 1994.

IN DEUTSCHER SPRACHE

38 Frey, Marc: Geschichte des Vietnamkrieges. Die Tragödie in Asien und das Ende des amerikanischen Traums. München 2002 / 6 .

39 Hölzl, Gebhard / Peipp, Matthias: Fahr' zur Hölle, Charlie! Der Vietnamkrieg im amerikanischen Film. München 1991.

40 Kissinger, Henry A.: Memoiren 1968–1973. München 1979.

41 Kissinger, Henry A.: Memoiren 1973–1974. München 1982. (Engl. Original: White House Years)

42 McNamara, Robert S.: Vietnam: Das Trauma einer Weltmacht. Hamburg 1995. (Engl. Original: In Retrospect. The Tragedy and Lessons of Vietnam. New York 1995.)

43 Shawcross, William: Schattenkrieg. Kissinger, Nixon und die Zerstörung Kambodschas. West-Berlin 1980. (Engl. Original: Sideshow – Kissinger, Nixon, and the Destruction of Cambodia. New York 1979.)

44 Steininger, Rolf: Großbritannien und der Vietnamkrieg 1964 / 65, in: Vierteljahrshefte für Zeitgeschichte 45 (1997), S. 589–628.

INTERNET

45 www.gwu.edu/~usarchiv/NSAEBB/NSAEBB48

Ausführliche Literaturhinweise, Internetadressen sowie ein erweitertes Glossar sind im Internet zu finden unter www.fischer-kompakt.de/der-vietnamkrieg

Abbildungsnachweise: S. 13, 21, 23, 30, 36, 39, 41, 67, 77, 89: National Archives II, College Park, Maryland; S. 14: Library of Congress, Washington, D.C. (USZ62–130113); S. 17: ebd. (USZ62–126868); S. 97: ebd. (USZ62–2139); S. 98: ebd. (USZ62–129641); S. 27, 34: Lyndon B. Johnson Presidential Library, Austin, Texas; S. 75, 87: AP / World Wide Photos; S. 60: picture-alliance / akg-images; S. 61, 65, 68, 71: Rolf Steininger, Innsbruck; alle Karten: Peter Palm, Berlin. Da mehrere Rechteinhaber trotz aller Bemühungen nicht feststellbar oder erreichbar waren, verpflichtet sich der Verlag, nachträglich geltend gemachte rechtmäßige Ansprüche nach den üblichen Honorarsätzen zu vergüten.